送大暑船

送大暑船

总主编 陈广胜

浙江省非物质文化遗产代表作丛书

辛姗珊　洪毓廷　编著

浙江古籍出版社

前 言

浙江省文化广电和旅游厅党组书记、厅长 陈广胜

中华文明在五千多年的历史长河里创造了辉煌灿烂的文化成就。多彩非遗薪火相传，是中华文明连续性、创新性、统一性、包容性、和平性的生动见证，是中华民族血脉相连、命运与共、绵延繁盛的活态展示。

浙江历史悠久、文明昌盛，勤劳智慧的人民在这块热土创造、积淀和传承了大量的非物质文化遗产。昆曲、越剧、中国蚕桑丝织技艺、龙泉青瓷烧制技艺、海宁皮影戏等，这些具有鲜明浙江辨识度的传统文化元素，是中华文明的无价瑰宝，历经世代心口相传、赓续至今，展现着独特的魅力，是新时代传承发展优秀传统文化的源头活水，为延续历史文脉、坚定文化自信发挥了重要作用。

守护非遗，使之薪火相续、永葆活力，是时代赋予我们的文化使命。在全省非遗保护工作者的共同努力下，浙江先后有五批共241个项目列入国家级非遗代表性项目名录，位居全国第一。如何挖掘和释放非遗中蕴藏的文化魅力、精神力量，让大众了解非遗、热爱非遗，进而增进文化认同、涵养文化自信，在当前显得尤为重要。2007年以来，我省就启

动《浙江省非物质文化遗产代表作丛书》编纂出版工程，以"一项一册"为目标，全面记录每一项国家级非遗代表性项目的历史渊源、表现形式、艺术特征、传承脉络、典型作品、代表人物和保护现状，全方位展示非遗的文化内核和时代价值。目前，我们已先后出版四批次共 217 册丛书，为研究、传播、利用非遗提供了丰富详实的第一手文献资料，这是浙江又一重大文化研究成果，尤其是非物质文化遗产的集大成之作。

历时两年精心编纂，第五批丛书结集出版了。这套丛书系统记录了浙江 24 个国家级非遗代表性项目，其中不乏粗犷高亢的嵊泗渔歌，巧手妙构的象山竹根雕、温州发绣，修身健体的天台山易筋经，曲韵朴实的湖州三跳，匠心精制的邵永丰麻饼制作技艺、畲族彩带编织技艺，制剂惠民的桐君传统中药文化、朱丹溪中医药文化，还有感恩祈福的半山立夏习俗、梅源芒种开犁节等等，这些非遗项目贴近百姓、融入生活、接轨时代，成为传承弘扬优秀传统文化的重要力量。

在深入学习贯彻习近平文化思想、积极探索中华民族现代文明的当下，浙江的非遗保护工作，正在守正创新中勇毅前行。相信这套丛书能让更多读者遇见非遗中的中华美学和东方智慧，进一步激发广大群众热爱优秀传统文化的热情，增强保护文化遗产的自觉性，营造全社会关注、保护和传承文化遗产的良好氛围，不断推动非遗创造性转化、创新性发展，为建设高水平文化强省、打造新时代文化高地作出积极贡献。

目录

2009 年 6 月，台州市椒江区传统民俗"送大暑船"被列入浙江省第三批非物质文化遗产名录。十多年来，传承保护单位坚持切实做好活态传承。2021 年 5 月，"送大暑船"被列入第五批国家级非物质文化遗产代表性项目名录。可喜可贺！

送大暑船是椒江，也是台州沿海的一个传统习俗。椒江是浙江省第三大河流，源起天台始丰溪、仙居永安溪等，合于灵江，奔流东南，再汇黄岩永宁江，注台州湾入东海。干流全长 197.7 公里，流域面积 6290 平方公里，再加上温黄平原南部的金清水系流域面积 1201.8 平方公里，其占台州市陆地面积近 80%。椒江江面宽 900—2000 米，河口段贯城而过，江北的小圆山与江南的牛头颈山对峙，状如大门。椒江旧称"海门"，因此得名。椒江北岸章安港和南岸海门港，一直是台州甚至东南沿海的重要海上交通门户。台州背山面海，饭稻羹鱼。山区有溪，平原江河有桥，沿海有门。在原始渔猎、农耕社会，人们就开始靠劳力和简陋的工具索取海洋资源。敬天地，畏鬼神，在大自然尤其在变化无常的大海面前，人们更有敬畏之心。东汉章安曾有著名术士赵炳因"法术"过高被章安令诛杀，葬于白鹤山，被民间尊为海洋保护神"白鹤大帝"，流传至今。南朝陈天嘉二年（561）出生于章安的天台宗章安灌顶大师，师事天台宗创始人智𫖮大师，记录整理了天台宗经典《法华玄义》等三大部和《观音玄义》等五小部，保证了第一个中国式佛教宗派天台宗能流传至今并继续发扬光大。大暑，炎热之极，是一年中最热的节气，"湿热交蒸"在此时到达顶点。台州沿海夏季高温酷热，雷暴、台风频繁，本书不仅详细记录了椒江自小暑至大暑节期间送大暑船的全过程，而且追溯了送大暑船传统习俗本地源头，如海门、黄岩、临海等地的历史记载，和现今温岭、玉环等地一些老百姓因当地未保留下此习俗，每年大暑节期间，还要来椒江参加活动等。本书更回顾了椒江北岸的章安的历史渊源。历史上的章安、回浦等，曾是瓯越，即今天的台州、温州、丽水等地的海疆都会，也是海上丝绸之路和日本等国僧侣至天台山取经的入海口。台州、温州、丽水，历史上，有分有合，但瓯居海中，瓯越同源同俗。在宁波象山、宁海等尤其是温州民俗志史中，均保留了送大船等的历史记载。椒江送大暑船习俗，是浙江东南沿海海洋文化保护传承的典型之一。本书史料翔实，田野调查、口头访谈扎实可信，图文并茂，值得一读。

椒江送大暑船习俗，不仅是中国的，也是世界的。2016年11月30日，联合国教科文组织经评审通过，将中国申报的"二十四节气——中国人通过观察太阳周年运动而形成的时间知识体系及其实践"，列入人类非物质文化遗产代表作名录。今天，更希望台州市、椒江区党委政府和文旅系统，按照人类非物质文化遗产代表作名录的具体要求，抓好生态环境保护，保护好"送大暑船"的文化空间，继续做好非物质文化遗产民俗、信俗类项目活态保护传承发展的大文章。

浙江省民俗文化促进会名誉会长　连晓鸣

2023年2月22日于西子湖

一、概述

从与大海抗争到赖海而生，从严格的海禁到立埠通商，从海潮冲击到筑塘围垦，椒江人民心中始终对海洋存有敬畏与感恩。椒江的人文环境也显现出海洋文化的典型特征。「送大暑船」这一民俗正是在这样的环境中生成的。

一、概述

[壹] 历史沿革

　　椒江，旧称海门，是 1981 年设立的浙江省第一个县级市，1994年撤市设区。台州市人民政府驻椒江区。椒江北岸的章安，始称回浦，历来为东南沿海对外交流的要地与军事重镇，是古代吴越文明的发祥地之一。三国吴太平二年（257）置临海郡，郡治章安，为台州建郡之始。椒江南岸于宋时形成集镇；明时建海门卫城，成为海防重镇；民国时期海门港成为重要港口。今日的椒江区是"山在城中，海临城东，江穿城过，河泽城乡"的沿海宜居城区，作为台州湾区新兴的地

椒江城区（葛东升摄）

级沿海组合城市——台州市新城的首善之区，屹立于东海之滨。

[贰] 人文环境

椒江人民艰苦卓绝，虽然对外交通条件较差，与外部的联系较薄弱，但为了生存，人民在与大海抗争的同时也一直利用大海兴渔盐之利，通舟楫之便。在原始渔猎、农耕社会，人们就开始靠劳力和简陋的工具获取海洋资源。三国时期，椒江北岸的章安港成为东越、瓯越一带最早崛起的港口，与当时北方的成山（今烟台）、海州（今连云港），南方的明州（今宁波）、番禺（今广州）并称为我国古代最早崛起的五大港区，是陆上丝绸之路和海上丝绸之路连通的重要节点。三国时期，卫温、诸葛直曾率军在此集结，泛舟远渡台湾，是我国历史上第一次有记载的以政府名义对台湾行使主权的军事行动。章安带动椒北地方开启了四百余年的辉煌历史，也开启了椒江的文明史。

南宋时期，椒江南岸兴起，人们一方面受海洋贸易传统的影响，凭借发达的商业观念将棚浦、葭沚、海门先后发展为商埠；另一方面借着政治中心南移的契机，围涂垦殖，增加土地面积，传统农业也快速发展。成书于南宋嘉定年间的《赤城志》记录了当时台州地方官员"士农工商，四业皆本"的地方治理理念。葭沚《周氏家谱》序中说："宋光禄大夫有曰朝熙公者，建炎中（1127—1130）扈跸高宗登枫山，望海门迤西地，商渔乐业，井里熙熙，因得高宗当

渔业码头（陶国富摄）

时命名家子[1]之意，嘱其子卜居于此，是为家子一世祖。”[2]反映了当时葭沚渔商贸易的繁荣。

明代，海门港与日本等国通航的同时，椒江本地的商船也多有过江出海北上贸易的。当时闽浙沿海的海上捕捞中出现了舻艚[3]船，葭沚的舻艚捕捞业也因此兴起，成为葭沚渔业中的大宗。民间流传着“葭沚对金鳌，代代儿孙张舻艚”的说法。虽然区域

[1] 葭沚也曾称“贾子”“家子”，民国以后基本都用“葭沚”。

[2] 转引自陶福胜整理：《葭沚地名演变》，政协浙江省椒江市委员会文史资料工作委员会编：《椒江文史资料第八辑》，1991 年，第 172—173 页。

[3] 又叫户曹，船体较大，航行时用两片帆，捕鱼时用一片帆，每船带两只捞鱼、运鱼的舢板，称“户曹子”。

经济不断发展，但海防的空虚导致海门一带长期遭受倭害，明代建海门卫城，以防寇患。戚继光曾带领戚家军在此屯兵抗倭，留下辉煌的戚家军抗倭历史。

清初，为了防止海上反清势力与沿海民众联络，政府沿袭明朝严格的海防、海禁政策。顺治十二年（1655），政府下令沿海省份"无许片帆入海，违者立置重典"，此后又实行了"迁界"令，沿海居民内迁三十至五十里不等，设界防守，禁止逾越。海禁、锁国、迁界以及持续三十年之久的战祸使海门遭受了毁灭性打击。尽管康熙二十二年（1683）郑克塽降清后，清政府下令"尽复沿海迁界民业"，许民出海网鱼，百姓们逐渐回迁，但海门的复苏却是举步维艰。金商[1]在《海门志》中记载，当时"海门居民稀少，市井萧条，加以瘟疫流行，夕阳初没，相率闭户而卧，合城如是，相沿百余年"。直至乾隆初年（1736），海门才稍有恢复，港口帆樯云集，商市渐兴。此后，在相对松弛的海禁政策、较为承平的局面之下，海门逐渐恢复发展为商埠。光绪年间，因内外贸易的兴盛，海门港成为"船埠所在，蚁聚蜂屯，行旅辐辏，下达黄太，四望平夷，诚合郡之咽喉，为海隅之隘塞"[2]。

---

[1] 海门人，与其子金星洲共撰《海门志》。

[2] 张利荣：《葭沚重修海防同知署碑文》，椒江市地方志办公室编：《海门镇志稿》，椒江市地方志办公室，1993年，第31页。

　　清末民初，随着轮埠的开辟，海门航海商贸日渐兴旺，海上可通沪、甬、瓯、闽等商埠，内可通黄岩、临海、温岭等县。海门成为台州乃至浙南地区的物资集散地和吞吐口岸，工商业蓬勃发展，商店林立，有台州"小上海"之称。这与当地巨富黄崇威到海门兴办实业有着直接关系。黄崇威（1873—1931），号楚卿，葭沚人。19 岁继承祖业，积极兴办新式产业，很快形成了颇具特色的庞大的工商企业集团，其经营内容既有棉织、煤油等多个新兴行业，也有船运、药材、盐号、咸鲜鱼行等传统行业，几乎涵盖了民众日常生活所需的基本门类。民国三十六年（1947）十月的《浙江经济》

海门港附近街道场景（辛姗姗摄）

载："海门港，在灵江、澄江汇合处，台属各县物产，咸荟萃于此，同时与沪、甬、温各埠商货互为吐纳，商务颇称发达，因之渔商亦多麇集，为台州最大之渔港。"

在沿江地带，如三山、栅浦[1]、葭沚[2]等地，普通民众多赖海而生。在千百年的捕鱼作业中，他们将经验总结汇成一首民谣："正月雪里梅[3]，二月桃花鲻[4]，三鲳四鳓[5]，五月望潮[6]，六月鲨条[7]，七月鲈鱼散[8]，八月白蟹板[9]，九月黄鱼黄腊腊，十月乌鳞鲫，十一月带鱼白雪雪，十二月鳗鲞挈打挈。"[10]这首民谣道出了椒江渔产之丰，也道出了椒江渔民的劳作之勤，他们熟悉各种鱼的特性，也擅长用不同的办法来捕鱼。渔业发达，也衍生出不少为渔业服务的行业。海边的女人不论老少几乎都会结网、修网。因为渔网全用苎麻结成，所以又有专做苎麻和渔网生意的苎行。专门作价、称鱼的是鱼

[1] 三山、栅浦位于椒江南岸，现均属于椒江区葭沚街道。

[2] 本书的"葭沚"主要指围绕着葭沚老街，以星光村、星明村、五洲村等为中心的一片区域，即原葭沚镇地理范围，

[3] 梅童鱼。

[4] 鲻鱼。

[5] 三月鲳鱼，四月鳓鱼。

[6] 状似乌贼但无墨囊，味道鲜美。

[7] 小鲨鱼。

[8] 冬天的鲻鱼、夏天的鲈鱼最为肥美，有冬鲻夏鲈之称。

[9] 咸蟹。

[10] 挈打挈为当地方言，形容数量多。

鱼鲞（陶国富摄）

行，专门负责运鱼、卖鱼到鱼行的人被称作"高桥哨"，从鱼行购取鱼货到市场上吆喝的人则是鱼小贩。除了卖新鲜渔货，还有咸货行，专门贩卖黄鱼鲞、咸带鱼等等。

一地有一地之人文。正如王士性《广志绎》所说："海滨之民，餐风宿水，百死一生。"负山濒海的自然环境及长期边缘化的状态，使椒江人民无过多外力可以依赖，只有依靠自身才可以生存。同时，频繁的天灾人祸又使椒江人民常常处在生存与毁灭的交叉点上，养成了滨海之民特有的英勇无畏、不惧艰险、勇于开拓的"硬气"精神。再者，因为外来压力较小，人民所受干涉也较少，民俗活跃，

修网的妇女（陶国富摄）

经济自主性较强，养成了滨海之民特有的"灵气"。这是椒江特有的人文环境。

如今，海洋经济总量在国民经济中的比重逐步提高，海洋产业结构和布局也在不断优化。椒江区辖下的海门港年吞吐量省内仅次于宁波、温州两港，是台州地区的运输枢纽。上、下大陈岛周围海域是中国著名大陈渔场，每逢鱼汛，渔船云集。当我们回顾悠悠岁月，将目光从浩瀚的海洋转到"海疆都会"章安古港，南移至海门港，再转向如今的现代港口新城，不难发现椒江流域的人文环境显现出海洋文化的典型特征。

二、送大暑船的源起与流变

『送大暑船』是『五圣信仰』的直接产物，在台州各地流布颇广，但各地风俗略有不同。其中，椒江东门岭的五圣庙是送大暑船活动的源起之地，至今仍基本保持早期的活动面貌。

二、送大暑船的源起与流变

送大暑船是一种送瘟神仪式，"五圣信仰"是其内在核心，"送船仪式"是其外在形式。本章通过追溯送大暑船的源起、比较其在台州各地的流变形式来说明椒江送大暑船的独特之处，并介绍椒江送大暑船发源地——东门岭五圣庙的送船过程。

[壹] 源起

1. 五圣信仰

《史记·封禅书》云："越人俗鬼，而其祠皆见鬼，数有效。"[1]唐陆龟蒙《野庙碑》云："瓯越间好事鬼，山椒水滨多淫祀。"[2]"信鬼神，喜淫祀""吴、楚多淫祠"成为越地民间信仰的重要特征。这种民间信仰历经几千年发展，虽起起落落，但依然保留至今。

受此影响，在瘟疫发生的原因无法用医学来解释的年代，人们便把瘟疫流行看作是鬼怪、瘟神等的作为，人们相信能通过巫

---

[1]《史记》卷28《封禅书》，北京：中华书局，2014年，第1680页。

[2] 傅云龙、吴可主编：《唐宋明清文集　第1辑》，天津：天津古籍出版社，2000年，第2362页。

1983年所见叠石村五圣石龛（彭连生摄）

术送走瘟疫的始作俑者并消灭瘟疫。在台州民间，人们普遍将"五圣"视为瘟神，尤以椒江两岸为最。

　　这种信仰起于何时？现在我们追溯其可信的历史发展源头可能非常困难。局部地域的瘟神信仰很难进入史家的视野，所以我们也很难找到确凿的史料来证明其起源。台州处于南北文化交汇点，在与中原文化长期、全面的交流和融合中逐渐形成这一区域显著的越文化特征。宋代，宋室南迁，台州作为辅都，受中原文化影响更深；明清时期，闽南难民从海上北逃，到台州沿海的温岭石塘、松

康西村岭头湖村口五圣神殿（彭连生摄）

门，玉环坎门、陈屿等地居住，带来福建的石头屋和海洋习俗。温岭的五圣信仰、玉环的五福大帝传说和相关活动，据传都是福建移民带入。温岭、玉环一带形成了多种风俗并存的格局。我们可以认为，五圣信仰是在南北文化与台州本土文化碰撞、对话、融合的背景下形成。

台州地区与五圣相关的实物是宋代开始出现的五圣石龛。临海古城街道叠石村的一个墓旁，有一个宋代建造的"五星爷屋"，这

拓片（彭连生摄）

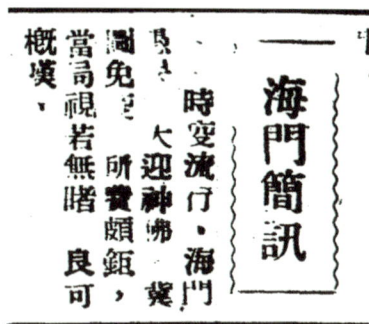

东南日报简讯（黄晓慧提供）

是目前台州境内发现的最早的五圣石龛。[1] 也就是说，早在宋代或更早时期，台州就已经有送瘟神习俗。

到了明代，五圣信仰的影响范围明显扩大。明代遗存的各种送瘟神石龛较多地被发现。如临海市东塍镇康西村岭头胡村五圣神殿旁的石碑刻着"正德二年十一月日，天宁寺化局石秀申"；

括苍洞五圣佛龛（彭连生摄）

仙居县括苍洞五圣佛龛，据考证也建于明正德年间。

到了清代及以后，送五圣、五佛、五帝等活动非常普遍，台州

---

[1] 在台州方言中，"五星"与"五圣"同音。

民间形成一种声势浩大的送大暑船活动。民国时期发行的《东南日报》上登有一则简讯，就是关于海门葭沚一带发生瘟疫，民间举行大规模迎神活动的报道。根据"所费颇巨"推测，所指或许就是送大暑船活动。因为当时除送大暑船外，海门没有其他如此大规模的民俗活动。

2. 五圣传说

台州各个地区除了建有供奉五圣的庙宇外，还流传着许多有关五圣的传说。清光绪《黄岩县志》卷九"灵济庙"一条中记载了五圣护佑民众免于瘟疫的故事。这是台州地区目前所见最早的关于"五圣"的文献记录。现将这则传说抄录于下：

> 灵济庙，在永利桥之西，旧名桥亭。神姓柴，婺源人，兄弟五人。相传齐永明中避乱猎于圣堂山，能扼虎。邑令萧景恐其生乱，谕遣之。后复至，狂叫山谷中云："吾五圣也，能为地方捍灾御患。"言讫，列坐圣堂岩下，啖松柏三日而殂。是后每闻山间有鼓噪声。梁天监癸未，邑大疫，五人复骑虎现圣堂山巅，一村遂无恙。邑令陆襄奏之，封永宁昭惠卫国保民五圣显应灵官。乙丑，立庙圣堂。唐宝应壬寅，州贼袁晁反，见神列五帜于永宁江浒，贼惊遁。刺史李光弼奏赐今额，创庙于永利桥，直河北，南临孔道。有郭朝奉者，五十无子，与妻郝氏祷于庙。元和庚寅，夫妻梦衣黄者五人告曰："吾与汝邻，汝宅跨河面卧虎神祠也。当无嗣，与吾

宅，吾与汝子。"郭疑未决，一夕就寝，见大蛇五采文，向郭若有所求，遂舍宅于庙，即今址也。后生子昭文，官至御史中丞。(《旧志》)宋开禧二年，火逼檐栀，竟逾河而南。有枕庙居者，抱一神像置于室，火亦不犯，人传以为异。(《赤城志》)元延祐间，宫殿火。帝梦云际有五神人，执五大瓢，滴水救止，且下告曰："臣柴某兄弟五人，原籍婺州，今受庙食于黄岩。宫殿火发，敢不奔救?"觉，使迹其事，立庙，封五圣侯王。明嘉靖壬子寇毁，后重建。国朝康熙九年火，复建。今亦奉泰伯为主。咸丰辛酉寇毁。同治初重建。

从这段文字看，五圣传说可能起于南北朝时，这五个人活动于南朝齐永明年间。又说到乙丑年立庙，梁大同乙丑年即公元545年，这大概是这一带五圣庙的最早历史了。文中提到灵济庙址在旧时黄岩县西门永利桥西，位于黄岩孔庙北面的学后巷和郏家巷的中间，它恰好处在黄岩老城的正中心，临近永宁江，也曾放船送瘟于庙前的五支河。[1]

无独有偶，《玉环宗教志》中也记述了五圣故事，不过在玉环流传的是来自福建的五帝故事。学者林烨把五帝民间传说整理成《五福大帝与天仙府》一文：

福昌基天仙府庙坐落于大麦屿街道福昌基村，始建于清乾隆

---

[1] 黄岩县城的内河，俗称"五支河"。

年间（1736—1795）。福建平潭先进村的高、林两表兄弟移民玉环福昌基垦荒落户，闽南地区民间信仰"五福大帝"随之落户福昌基，立庙奉祀。1953 年，信众将附近的姜三侯王庙、陈十四娘娘庙与天仙庙合并一处，称"天仙府"。

传说，古时有张元伯、钟士秀[1]、刘元达、史文业和赵公明五位读书人，都中了秀才。在参加省试的前一天晚上，五人外出散步不期而遇。昏暗的夜光下，他们发现一群人模鬼样的歹徒向一口水井里投毒。他们估摸这些毒药足够毒死省城一半人，便一起上前阻止，可一转眼那些人不见了。他们商量，放弃明天省试，守住这口水井，不能让周边居民喝这口井里有毒的水。

第二天天一亮，人们陆续前来挑水，五位秀才费尽口舌，但没有一个人听信他们的话。五人急得一点办法都没有。张元伯说："你们不信，我就喝给你们看。"其他四人也主动响应，一齐喝下了井水，结果五人全部中毒身亡。人们这才相信井水有毒。

消息传开，全城百姓感激涕零，塑了五位救命恩人的像，立庙祭祀。五人原本是长得白白嫩嫩的书生，因中剧毒而亡，相貌变得丑陋：张元伯额裂，胡须金红；钟士秀面紫，嘴似雷公；刘元达面绿，生就鸟嘴；史文业面棕，颔下无须；赵公明眼暴，面色黝黑。

玉皇大帝得知此事，册封他们为"东岳岳宗御前瘟部尚书五福

---

[1] 在葭沚一带流传的故事中通常作"钟仕贵"。

大帝"，掌管瘟部。

五帝信仰由来已久。相关史料记载，明崇祯十五年（1642）春，福州瘟疫流行，居民筹资举行大型迎五帝仪式，自二月至八月，影响很广。后来，五帝神府统称为"天仙府"，意为"在天曰天仙，在地为地仙"。[1]

其实，五圣传说并非局限于台州地区。旧时，这种民间信仰几乎遍布全国各地。唐代张鷟的《朝野佥载》中曾记载：

明崇俨有术法。大帝试之，为地窖，遣妓奏乐。引俨至，谓曰："此地常闻管弦，是何祥也？卿能止之乎？"俨曰："诺。"遂书二桃符，于其上钉之，其声寂然。上笑唤妓人问，云见二龙头张口向上，遂怖惧，不敢奏乐也。上大悦。[2]

说明在武则天时期，这种说法就已在北方盛行。类似的传说至今仍在流传，但多指向张天师之"神奇"，并未落实到敕封"五圣"上来。当这个传说流传到台州湾一带时，才被人们移植到五圣信仰中，成为对"五圣"由来的一种解释。

［1］林烨整理：《五福大帝与天仙府》，玉环市民族宗教事务局编：《玉环寺庙故事》，北京：当代中国出版社，2018年，第89—90页。

［2］张鷟撰，袁宪校注：《朝野佥载》，西安：三秦出版社，2004年，第96页。

在椒江民间，也流传着不少五圣传说。主要有三个版本。[1]

一说"五圣"具体指张元伯、刘元达、赵公明、史文业、钟仕贵五人。这五人死后被封神，人称"五圣"，被认为是凶神。

一说"五圣"生前是五进士。那时候有个本事很大的张天师，能捉妖怪。皇帝有意要试试他的本事，便在地下挖个洞，让五进士在洞里奏乐。然后召张天师进宫，问他这是什么妖怪，张天师不多说话，用手里的宝剑在地上一划，地洞里五进士的头就全都掉了下来。这五进士死后冤魂不散，常要作祟。皇帝便封他们为"五圣"以慰魂灵。

一说"五圣"本为南宋时期五个籍贯四川的举人。五人一起到临安来参加考试，虽然才学出众，却屡屡落榜。几番打听得知是主考官嫌弃他们长相似钟馗般难看，因而不予录取。五人心中愤愤不平，在临安街头到处发牢骚，攻击主考官。因口才了得，一时闹得沸沸扬扬。皇帝知道后便下旨捉拿五人并斩首，将他们的头颅埋掉。五人的尸身则被丢入江中，随着潮水漂流，每到一地，冤魂就托梦给当地人，请求他们埋葬这五具无头尸体，使冤魂有个归宿。可人们都认为尸体不祥，谁也不肯收，又推了出去。尸体一直漂到

[1] 关于全国各地"五圣"信仰及其在椒江演变结果的研究，可参看顾希佳、陈志超：《从大暑船到渔休节——台州湾渔民信仰民俗嬗变的考察》，《民俗研究》2001年第4期。

台州湾，被葭沚的渔民发现了。葭沚渔民一向有在海上救人、打捞尸体的传统，他们认为海上的尸体好比元宝，捞尸体是捉元宝，也是做好事，于是就把这五具尸体捞上岸埋葬。后来葭沚的地方官做了个梦，梦里这五人称他们会保护地方平安。地方官醒后就给他们造了个五圣庙。又因为这五具尸体都没有头，所以从前这个庙里没有神像，只是摆了五个神位。

椒江本地的道士有一本在做道场时吟诵的《瘟司御灾治病宝忏》手抄本，里面提到的五圣传说大致是上面三个版本的糅合，只是在最后补充五圣被"谕封春夏秋冬五方行灾使者，天下任游。兴运者，坐贾经商，遇则生财大道，康泰呈祥；若慢者，冲则破国亡家，作祸生灾"，点出了五圣"行瘟布福"的神通所在。

3. 送船习俗

在人类历史上，自从产生了疫鬼瘟神之说，也就伴随着产生了对付它们的办法，这就是所谓的驱赶巫术——逐疫。古代的傩仪就是这种信仰心理的直接产物。据《续汉书》志第四《礼仪上》记载，那时候的宫廷大傩，是在一番仪式舞蹈之后，由一群骑士高举火把冲出宫门直奔洛河，骑士把火把丢进水中，也就意味着把疫鬼赶走了。当时还没有出现"送船"的仪式行为，但驱赶疫鬼瘟神离不开河水的信念却一直延续下来。人们认为只有依靠不断流逝的河水才能把这些疫鬼瘟神赶走，这是一种独特的民俗文化心理。《礼

仪志》云："是月上巳，官民皆洁于东流水上，曰洗濯祓除去宿垢疢为大洁。"[1] 人们认为在东流水中洗浴，既可洗净身体，又可洗去晦气和灾祸。

至于用船来送疫鬼瘟神，则是将火把扔进水中的古俗在后世的流变。宋人范致明被贬谪居岳州时，见到当地"民之有疾病者，多就水际设神盘以祀神，为酒肉以犒棹鼓者。或为草船泛之，谓之送瘟"。[2] 可见至迟在宋代，湖南岳阳地方已经有用草船浮在水上来"送瘟神"的巫术行为了。但我们仍不清楚当时所谓草船的形制。

在浙江各地，这种用船来送疫鬼瘟神的习俗也广泛存在，有些地方甚至十分活跃。人们将不同材料制作的船送入大海或在水边焚烧，以此来送走灾祸、祈祷平安。虽然具体的形式不尽相同，但仪式中基本都涉及江海、木船、纸船以及瘟疫这几个重要的元素。

北宋徐兢的《宣和奉使高丽图经》中记载了宣和五年（1123）从浙江明州港（今宁波地区）出发的船队在海上举行的"祠沙"仪式，亦即送船仪式："申刻，风雨晦冥，雷电雨雹欻至，移时乃止。是夜就山张幕，扫地而祭，舟人谓之祠沙，实岳渎主治之神，而配食之位甚多，每舟各刻木为小舟，载佛经糗粮，书所载人名氏纳于

---

[1]《续汉书》志第四《礼仪上》，北京：中华书局，1965年，第3110页。
[2] 范致明：《岳阳风土记》，嘉靖四十二年许岳刻本，第26页。

其中而投诸海。盖禳厌之术一端耳。"[1] 当在海上遭遇风浪袭击时，船员抛锚举行祭海仪式，随后将装有船员名单等物品的小船投入海中漂流而去，以此祈望送走厄运，人船平安。

温州民间的"送纸船"习俗，又称"送大船"。旧时温州逢疫，地方官绅聚集东瓯王庙，谋求解禳，在向地方敛钱之后，便设坛打醮做佛事，名曰"罗天大醮"。先制一只大神船，置于庙前，其船用篾作骨，糊以色纸，长约丈余，宽七八尺，中竖三桅，纸船舱里还有纸扎的日常器具，俨然是海中的一只夹板船。经过一番法事和六天的驱瘟逐疫后，便是送纸船。在夜间潮水大落时，由十数人将纸船抬出东瓯王庙大门，直奔朔门江边。后随大队人马，各执挑灯、火把，高声呐喊，快步飞奔至江边，将纸船安置在预先准备的大竹排上，由舢板拖着东行出海，至永嘉七都江面后放火焚烧纸船。当拖行的舢板船和送行的元帅船都平安归来时，瘟神就算是顺利送走了。[2]

椒江的"送大暑船"是浙江各地送船习俗的一种具体表现，其具体起源年代虽然难以考证，但民间口耳相传的传说至少可追溯至明末清初。至晚清有明确的文字记载。学者俞樾在《右台仙馆笔

[1] 徐兢撰，朴庆辉标注：《宣和奉使高丽图经》，长春：吉林文史出版社，1986年，第72页。

[2] 叶大兵主编：《中国民俗大系·浙江民俗》，兰州：甘肃人民出版社，2003年，第302—303页。

福全宫功德碑（辛姗姗摄）

记》中详细记录了晚清时的活动盛况："同治中，临海县[1]民比年疠疫，过大暑不瘥，乃于次年相约为送船之会，亦其旧俗然也。"[2]既是旧俗，可见清时此俗已流布颇广。

笔者在调查时，发现位于椒江区洪家街道杨家陇村的福全宫中保存有一块刻于清光绪十一年（1885）的功德碑，其上有这样一句话："每年于送大暑经费开销外，积成余利大钱拾四千五百文。"说明当时椒江杨家陇一地不仅每年举办或参与送大暑船活动，而且有固定的经费用于此项活动。

民国二十五年（1936），方志学家项士元在《海门镇志》卷七《岁时》中也记录了椒江的大暑风俗："葭沚地方，在大暑之前，预备舢板一只，内放鸡鸭活羊米麦蔬果，一切食用品俱备，至大暑日潮落时，放之中流，随潮入海，意谓送鬼出洋。若逢该船被风吹回

---

[1] 当时椒江属临海县。

[2] 俞樾撰，徐明霞点校：《右台仙馆笔记》卷12，上海：上海古籍出版社，1986年，第302页。

江内，群疑本年夏秋疫疠必盛，各地男女，不辞躬冒烈日，前往江边堂或城隍庙祈祷。"[1]

与宁波、温州等地不同的是，椒江送大暑船活动一直延续至今，没有中断。其中椒江区葭沚街道的送大暑船发展至今已颇具规模。此外，不同于内陆或沿海其他地区将送船日期都选在清明、端午，或是瘟疫发生后的某一天，椒江地区是在大暑节时送船。其中既有旧时椒江夏秋之际疫疠盛行的原因，也有"赖海而存，因渔而兴"的渔民只有每年5月到8月伏季休渔期才得空闲的原因，且每年7月到9月刚好也是椒江地区最常受台风侵扰的时期。在此期间举行隆重的送大暑船活动，也凸显了人民祈求平安的愿望。

[贰] 流变

1. 台州各地送船活动

旧时在台州湾一带，送大暑船活动非常普遍。新中国成立后，送大暑船活动曾被迫中断，进入衰敝期。道教活动停止，庙宇宫观被占用，台

前所道感堂大暑船（杨计兵摄）

[1] 项士元：《海门镇志》，椒江市地方志办公室编：《海门镇志稿》，第81页。

2011年杜桥镇协灵庙送大暑船（彭连生摄）

州大部分地区的送大暑船活动中断，但椒江东门岭与葭沚两地却在当地人民的支持下，将这项民俗保存下来并发扬壮大。"文化大革命"之后，台州各地的送大暑船活动在当地人民的自发组织下逐渐恢复，如椒江区前所街道道感堂村的送大暑船活动在1978年恢复举办；临海市杜桥镇下朱村的送大暑船活动在2005年该村老人自发组织下也恢复举办，并于2018年被列入临海市市级非物质文化遗产保护名录。

如今，在台州的临海、温岭、玉环以及椒江等地，都流行送大暑船活动。不同地方的风俗略有不同。其中椒江区葭沚街道的送大暑船活动仪式最为齐备、规模最为盛大。现将各地的活动信息以表格的形式整理如下（见表1）。

表1　各地送大暑船活动信息

序号	县（区、市）	具体地点	主办庙宇	时间	船体材质	焚船地点	备注
1	临海市	杜桥镇下朱村	下朱殿	大暑当日	最早用稻草制作，后用毛竹片、旧纸板制作，2011年开始改用木头制作	江边穿礁上	
2	温岭市	松门镇幸福村、松寨等	杨府庙	大暑前某一日	竹骨架，纸糊船体	海边滩涂	多个村庄共同送船，有两艘大暑船
3	温岭市	城南街道沌头村	五圣庙	大暑当日	竹骨架，花布船体	海边滩涂	
4	温岭市	城南街道沙头门村	三清殿	大暑当日	竹骨架，花布船体	海边滩涂	
5	温岭市	石塘镇水仙岙村	五圣大帝庙	大暑当日	2018年以前用纸板、彩纸制作，2018年以后用木头制作	海边滩涂	
6	玉环市	沙门镇灵门村、日岙等地		大暑当日或大暑前某一日	竹骨架，纸板、花布船体	港口海滩	多个村庄共同送船，有两艘大暑船
7	椒江区	椒江区葭沚街道栅浦社区	栅浦堂	大暑前一日	木头	江边	
8	椒江区	椒江区前所街道道感堂村	龙王庙	大暑当日	稻草	江边	

续表

序号	县（区、市）	具体地点	主办庙宇	时间	船体材质	焚船地点	备注
9	椒江区	椒江区海门街道东方红村	东门岭五圣庙	大暑当日	最早用稻草制作，后用毛竹片、旧纸板制作，现改用木头制作	港口海滩	
10	椒江区	椒江区葭沚街道星光村及周边村庄	五圣庙	小暑迎圣、大暑前几日请酒、大暑当日送船	木制	海上	

在上述地区中，椒江区东门岭和葭沚两地的送大暑船活动是没有中断过的。东门岭五圣庙负责人张明友说："这里附近都是山，半夜没人的，'文化大革命'期间就只请一个道士，草船做起来念念完，然后就烧在城门洞，很简单。"葭沚街道星光村则是在村长徐大奶的带领下将大暑船藏在庄稼地里，趁着夜色掩护进行祭祀活动。椒江人民的坚持，使椒江一地成为送大暑船的风俗沃土。

2. 椒江送船活动

椒江送大暑船活动源起于东门岭五圣庙，发扬壮大于葭沚五圣庙。受地理位置的影响，东门岭送大暑船活动相对简单，也更接近送大暑船活动的原生面貌。葭沚送大暑船在东门岭的基础上进一步发展，在规模与仪式流程上都更为盛大完整。

东门岭五圣庙位于椒江区海门街道东方红村东门岭晏清门城

东门岭五圣庙正殿（辛姗姗摄）

张明友介绍藏于庙内的牌匾（辛姗姗摄）

门上，始建年代已不可追溯。在五圣庙大殿的栋梁上，写有"民国十三年修"字样，负责人张明友称该次修庙是由葭沚乡绅黄崇威出资，其账房先生来监管施工的。因 2004 年受台风"云娜"侵袭，五圣庙又于 2005 年重修。东门岭五圣庙被视为五圣的"主庙"，其正殿祀五圣，偏殿祀五圣娘娘，庙内的五圣被称为"行福大神"。东门岭五圣庙的送大暑船，除了造船、扬船外，主要活动是在大暑这一天请道士来做醮送船，醮毕，将船焚化在城门洞边。

民国初期，葭沚乡绅、台州巨富黄崇威出资将五圣迁至葭沚江边堂东面的三间小屋，此地便作为五圣的"副宫"。黄崇威是当时的台州首富，20 世纪 20 年代担任过东山中学校长，在地方上颇有权威，他首先带头捐款，又组织募捐，这事很顺利地办了起来。

葭沚江边堂本叫"武圣庙"，因靠近椒江，所以被人们称为"江边堂"，堂内祀武圣关帝君及杨府君。五圣最初迁来葭沚时，只是在江边堂东边的偏殿供奉他们的龙牌。江边堂经历过几次修整，后于 2009 年重修、扩建，称"五圣庙"。五圣庙位于葭沚西北角的尚德路，正殿塑有五圣的神像，原祀之关帝君、三官等神像都置于前殿。在葭沚，人们将五圣称为"五圣大神""五圣爷"。

至于黄崇威为什么要在葭沚建五圣庙，东门岭五圣庙的张明友告诉我们是因为当时黄崇威的母亲久病不愈，听说五圣能治病，于是到东门岭五圣庙祈求。黄母病愈后来还愿，但东门岭五圣庙

2005年大暑船从老台门抬出（陶国富摄）

2000年前葭沚送大暑船场景（陶国富摄）

在半山上，黄崇威觉得不甚方便，于是便提出在葭沚建一个五圣庙，方便母亲与葭沚渔民祈拜。另一种说法则来自葭沚五圣庙的老人们，他们称黄母裹了小脚行动不便，因此黄崇威将庙分到葭沚以方便母亲。不论是何原因，葭沚的五圣庙由黄崇威在民国时期首捐建立是可以确定的。葭沚建起五圣庙后，当地举办的送大暑船活动不断壮大，椒江人民渐渐转移到葭沚五圣庙来参加送船活动。

在送大暑船期间，因为仪式繁多，活动涉及面广，需要以"庙"的名义去指挥，五圣庙就作为指挥中心。葭沚五圣庙历史上有过庙祝，又称"堂主"，负责管理庙务，一般都是当地有威信的老年人。堂主是送大暑船活动的主要负责人，俗称"头家"。当地习俗要求"头家"必须夫妻双全，家中几代同堂，而且这几代也都得是夫妻双全。可以说"头家"就是传统看法里福气大、命运好的人。除此之外，辈分、年龄、品德、办事能力、人缘等因素，也均在考虑范围之内。总之，此人必须是公认的民间权威，人们认为只有这样的人才有资格代表大众去迎请和恭送神灵。

葭沚送大暑船的发扬壮大，也离不开当地"多庙合作"的活动模式。在台州地区，保界是一种以庙宇为中心的地域组织，通常一地保界庙被称为"殿"，以此来与保界内其他庙宇进行区分。"殿"内所祀的主神没有定数，通常称作"本保爷"。葭沚即以集圣庙为本保庙，五圣庙、杨府庙、龙王宫、文昌阁均位于其保界之内。只不过，因五圣的原因，集圣庙及其保下另外三座庙宇在小暑到大暑期间变成配合五圣庙工作。五座庙宇均组织有自己的锣鼓队、龙队和其他文艺表演队伍，在小暑日、请酒日、大暑日出动不同规模的队伍，跟随五圣的轿子一同巡境。表演队规模最小时有四五百人，多时可达千人，场面颇为壮观。

集圣庙，坐落在椒江葭沚街道葭中路，始建于明嘉靖四十年（1561），重建于清同治十年（1871），重修于1991年。虽几经沧桑，至今仍保存完好。其保界东至葭沚新泾，西至镇西路，南至黎明路，北至工人路。庙内供奉被葭沚人视为地方神的白龙阮总帅，即葭沚"本保爷"[1]。在送大暑船活动中，集圣庙主要负责"请酒"这一环节。阮总帅作为"本保爷"，要"做东"至五圣庙请五圣到葭沚的本保庙坐席奉酒，大暑日也要同葭沚民众一起送五圣出海，招待好五圣，以保一方百姓康宁平安。

杨府庙，坐落在椒江葭沚街道东岸路141号，隶属于椒渔总公司下属的浦东渔业公司，创建于清道光二十年（1840），"文化大革命"时期受损，修缮之后现占地面积1100余平方米。在浙东南地区，特别是温州沿海，杨府庙是一种分布广泛、力量强大的祠祀，

---

[1] 本保爷姓阮，名字无从考证，明嘉靖年间人。据《临海县志》记载，明代倭寇侵犯台州，英烈侯阮总帅协同戚继光海陆作战，击溃倭寇，抗倭保疆，功勋卓越，有功于民，立庙祀之。从此阮总帅受万民敬仰，香火鼎盛。

有村落的地方往往就有杨府庙，人们将杨府爷视作海洋保护神来崇拜。这种信仰也辐射到台州。葭沚当地就流传着杨府爷乘船出海驱赶海盗，保护渔民安全的传说。在送大暑船活动中，杨府庙代表浦东渔业公司，要组织表演队参与巡境。杨府爷作为葭沚渔民的保护神，则需在宴请五圣时出席作陪；大暑当日，杨府爷要带着杨家将成员一同送圣。特别需要说明的是，杨府爷的小神像是会同五圣一起被送出海的，这其中有着"由杨府爷负责押送五圣出境，防止其返回散播瘟疫"的意思。

在 2009 年和 2014 年，葭沚的龙王宫、文昌阁也相继加入送船的队伍，它们代表的是五洲村和星明村[1]。它们的加入壮大了每年活动的仪仗，也可看作是葭沚人在送大暑船活动中所形成的一种凝聚力的体现。

需要提及的是，在葭沚每年大暑日的送船仪仗中，庙宇的顺序一般按照该庙在葭沚的信仰地位来排列，总体趋于固定。杨府庙作为浙东南沿海分布最广的祠祀，凭借其"保佑海洋"的强大力量位列仪仗之首；集圣庙作为代表葭沚地方的本保庙位列仪仗第二；葭沚附近的文昌阁、龙王宫处于信仰边缘，分列仪仗第三、第四；五

[1] 1981 年，葭沚复名为葭沚镇，下辖星光、星明、五九（今五洲）三个行政村，地理划界继承自人民公社时代的三个同名生产大队。老人们延续旧时说法，认为五洲、星明与星光村应共同参与送大暑船活动，是以龙王宫和文昌阁加入。

圣庙作为活动的核心组织，列于仪仗压场位置。

[叁] 东门岭送大暑船

位于海门街道东门岭的五圣庙是椒江送大暑船活动的起源地，以大暑日"念大暑"为主要活动，以东门岭五圣庙为唯一活动枢纽。受地理位置等因素的影响，东门岭送大暑船活动规模不如葭沚盛大，仪式流程相对简单。但在后期发展过程中，又受到葭沚的影响，在大暑船的材质、送船队伍的组成等方面有所改变。

1. 建造大暑船

东门岭五圣庙所造的大暑船在材料和形制上都经历了几代的演变。据五圣庙现任负责人张明友介绍，海门的大暑船最初是由

东门上的五圣庙（葛东升摄）

稻草扎成的，比较小巧。大暑日，道士将稻草船扛在肩上做醮，醮毕，在晏清门烧化。

1979年开始，大暑船的制作由竹篾扎制船体骨架，硬纸板做船底，彩纸糊身。这时的大暑船长度已达3米，用毛竹做龙骨，木头做桅杆，篷布做船帆。这种形制的大暑船有一定重量，需要不少人来扛下山，送到外沙码头焚化。张师傅就是在1979年第一次到五圣庙扛大暑船的。

2003年左右，东门岭的大暑船改为通体木制，船的重量猛增，需要30多个人才能扛下山。现在的这一批造船师傅就是在这一年来到东门岭五圣庙的。一般在农历三月中旬，择一吉日开始造船，场地就设在晏清门的城门内。这一批造船师傅中，只有一个从造船厂退休的专业师傅，其他都是海门东风捕鱼大队的捕鱼人。大部分师傅们没有专业的技术，也没有现成的图纸，全凭经验来造船。一般早晨六七点开工，中午休息一小时，下午4点歇工。如此持续约一个半月，才能完成一艘大暑船的制作。

送大暑船的经费主要来源于民间捐资，有限的经费必须要花在刀刃上。东门岭五圣庙造船所用的原木皆是平时累积而来的。因为椒江在夏季常有台风侵袭，造船师傅们便会收集被台风刮倒的樟木，运至东门岭五圣庙内晾干保存，待到建造大暑船时取出使用。为了控制成本，东门岭的船比葭沚的要小得多，长4.2米左右，宽

1.2米左右。体积小，船身彩绘空间也有限，所以东门岭的大暑船只有简单的油漆涂装。船上有5个船舱，放有神龛香案、生活用品、自卫武器和元宝等物品，船上还会放上信众们送来的用小纸袋装的谷米豆麦。钉船眼是打造大暑船的收尾工作，造船师傅钉好船眼，整艘船也就建好了。

建好船后，庙里会在农历五月选择一个吉日吉时，将大暑船从城门抬至五圣殿内，这个过

造船师傅（葛东升摄）

大暑船和收集在城门洞内的木材（辛姗姗摄）

扬船（葛东升摄）

程叫做"扬船"。因为船的形制不大，所以船扬至殿内后就可以直接张起船上的3张帆。当天，庙里还会请上锣鼓班的艺人来奏乐，艺人是义务演出的，庙里会提供一顿午饭。

2. 念大暑

东门岭五圣庙没有"接佛"这一环节。张明友师傅说："坐宫不接佛。"东门岭五圣庙作为五圣的主庙，大殿里有五圣神像常年坐镇。因此，东门岭不需要去外面接五圣，葭沚五圣庙作为五圣的"行宫"，才需要在小暑日到外面去"接佛"，葭沚人称为"迎圣"。

叩天（葛东升摄）

大暑前两天的下午，庙内会举行"请水"仪式[1]，由5名道士请水府龙神入庙。大暑前一天的早上，庙内会举行"叩天"仪式，由7名道士面向西北方，搭台作法，向上天祈求赐信众平安多福。

大暑当天的活动叫"念大暑"，也叫"游大暑"。因为海门送大暑船最初就是由道士扛着稻草船在庙里游船拜忏，最后在近处的晏

[1] 也可称为"请圣"。

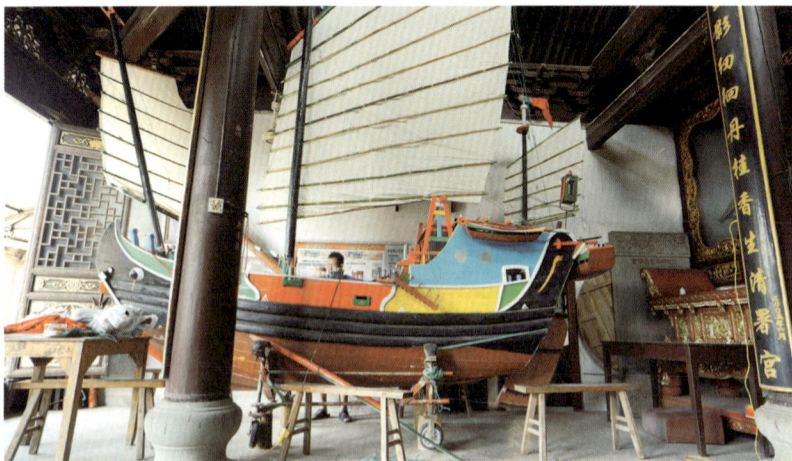

殿内扬帆（葛东升摄）

清门烧化，并未真正送到海里。

　　一早，香客们已集聚五圣庙，扬船的师傅们也早早就到大殿内降下了船帆，为大暑船出门做好准备。

　　上午8点左右，师傅们将大暑船扬至殿前的地上敬奉。师傅们重新竖起桅杆，张起船帆。

　　上午9点左右，在殿外大暑船边摆上一桌酒席恭请大暑船，在殿内右侧摆上桌子供五圣饮酒。殿内的桌子一共配了7个位置，多出的一个是城隍爷的座位。张师傅说："这场酒是由城隍爷来陪的。"城隍爷并没有小神像，只有道士立的一张纸牌位。每个座位边上都有一个工作人员负责打扇，提供周到的服务。负责酒席的工作人员先上18碗糖食，再上10碗鱼肉菜蔬，最后上两碗点心。

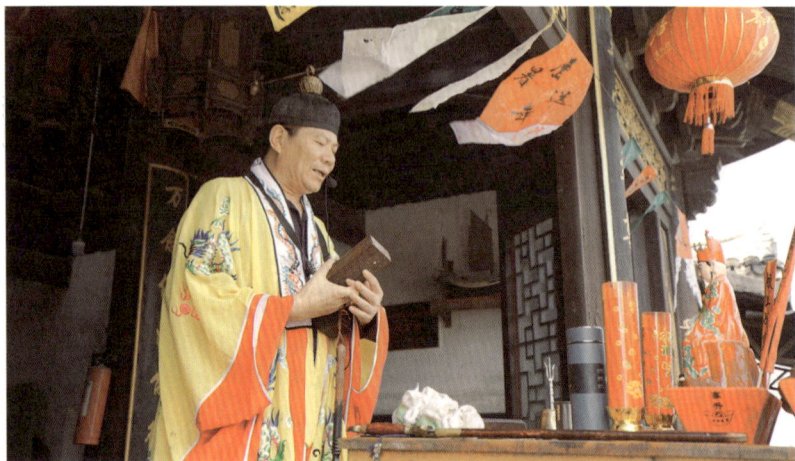

唱上口的法师（葛东升摄）

中午 12 点左右，在五圣庙正殿门口设坛，六尊神像被请上坛供奉，30 多个师傅站在烈日之下，挂着木杖扛起大暑船进行"游船"。两位道士开始唱白口，唱的是本地道教指导民间送瘟船仪式活动的科仪本——《船科》。其中唱上口的道士穿着道袍、戴着道冠站在殿内，扮演法师。唱下口[1]的道士站在殿外，身着普通衣衫，头上系着红洋布或戴着草帽，扮演艄公。这场白口将持续一个半到两个小时。

整本《船科》的内容大致包括以下三部分。一是法师与艄公在百花渡头相遇，因互不信任而展开了一场试探。法师要仔细查问艄公，向他了解花船的构造布置、船上伙计等信息，艄公一一作答后

---

[1] 也可称为"对口"。

唱下口的艄公（葛东升摄）

证明身份。艄公也要追问法师，向法师了解天师府衙的构造布置、法师所佩物件的来源与用处等信息，法师一一作答以证明身份。二是互明身份之后，法师向艄公了解五瘟大王的信息、送神花船内祭祀的把式[1]情况。三是法师确认船内一切准备停当之后，指挥艄公协助送瘟。在二人的对话中，法师不时地向艄公了解潮涨的情况，他们从"潮涨一分一厘"一直唱到了"潮涨十分了"。

以往在道士唱白口时，扛船的师傅会扛着大暑船在殿前时不时地转圈游船，有时候还会闹船，像舞龙一样将肩头的船耸起。不过，现在因为木制大暑船重量的问题，一般直接将船放在手拉车上推着转圈表示游船，闹船也已经许久不见了。

---

[1] 指祭祀用的器物。

当"潮涨七分七厘"时，法师开始送五瘟大王下船。在每位大王下船时，法师都会向艄公询问其姓氏、穿戴、武器、号令等信息。以下摘录第一位"东方大王"下船时的唱白：

主：驾长，东方大王可有下船？

白：东方大王一马来到江边，众兄弟打挑（跳）下船来了。

主：姓什么？

白：姓张。

主：头戴什么？

白：青盔。

主：身穿？

白：青袍。

主：足穿？

白：乌靴。

主：身骑？

白：青宗（鬃）马。

主：左手拿的什么军器？

白：青铜棍。

主：右手拿的什么为号？

白：青旗为号。

主：好，将青旗插在船头，领了天师府封皮一道，将东方地界

扛船师傅们的合影（葛东升摄）

封了。

〔唱〕东方结界已周圆，领兵带将到南方。船豆（头）向过南，潮水通玉环。玉环山里好景致，新造府门好游喜（嬉）。伏乞神明来入，收收拾拾落花船。谨请红面将军船中坐，后首清平万万年。

如此将东、南、西、北、中五位大王一一请下船，已经是"潮涨八分八厘"了。其间，庙里工作人员根据法师的指令开始将元宝桌上五圣与杨府爷的小神像请入轿子。张明友师傅说："以前（小神像）是直接请上船，小轿直接做在船上，一起请上船的还有六匹马。现在这样专门请到另外的轿子上，是后来兴起的。"六位老爷全部上船，工作人员将船舱逐一封上。此时扛船的师傅们已经开始准备下山了。为了避免碰到山岭上的电线，大暑船的船帆再次被降

下，桅杆也收了起来。

"潮涨九分九厘"时，已经可以开船，但还需在庙内四处检视
一番：

> 白：启禀法师，只因五瘟大王在此见患人家已久，由（犹）恐
> 闲神野祟入在床前、床后、灶前、灶后，还望法师点同天兵天将、
> 雷兵雷将去到床前、床后、灶前、灶后检扫一会。

> 主：言之有理。法师就赐你天兵天将六丁六甲，一同去到里面
> 检扫一会。

> 〔众呐喊〕

> 主：驾长。

> 白：床前、床后、灶前、灶后，闲神野祟，可以下船。

> 白：一切下船来了。

随后，艄公绕着大殿走上一圈，进行最后的检视。结束时已
"潮涨十分了，潮头紧急"。法师催促开船，这里却有一个插曲。
艄公向法师讨要送完"五瘟大王"后回程的路费，法师表示会赠送
艄公金银福礼。此时，庙内工作人员将一盘金元宝和一盘银元宝倒
入船舱。又将艄公所赠"平安吉庆"四字悬挂到大殿，表示法师的
福礼送到。大暑船方可出发。

下午两点左右，民间表演队伍、锣鼓班等已在东门岭山脚列
队等待出发。张明友师傅说："原来只有锣鼓和船，还有一些香客。

表演的队伍也是后来加的，跟葭沚兴起的，也有 20 多年了。"现在东门岭送大暑船的队伍基本如下：

（1）舞龙 3 队，其中大龙 2 条，小龙 1 条；腰鼓 1 队；荡湖船 1 条；（民间戏剧爱好者）扮八仙等表演队伍

（2）锣鼓班

（3）6 顶轿子及抬轿人员

大暑船下山（葛东升摄）

受疫情影响缩小规模的队伍（葛东升摄）

（4）大暑船及扛船人员

（5）送客

根据以往的经验，大暑船前面的队伍会提前出发，因为大暑船下山后还要重新竖桅杆扬帆，表演队伍也需要时间在路上表演。巡行路线由青年路向北，途经外沙路，穿过外沙粮库，抵达椒江岸边的外沙码头，路上需 1.5—2 小时。大暑船到外沙码头后，码头鞭炮齐鸣，送客们手持香火，口中念念有词。岸边的茅草已经提前砍

岸边安放大暑船（葛东升摄）

消失于火海的大暑船（葛东升摄）

好，留出一片空地用于放置大暑船。扛船的人员将大暑船放置在空地上，浇上煤油，用火把将船点燃。迎着江边的晚风，伴随着人们的期盼，大暑船消失于火海，整场活动也就结束了。庙里会安排一顿晚饭给义务帮忙的工作人员和表演人员。因为庙里场地有限，晚饭要分两拨吃。较早返回的人员安排在下午 4 点这一批，较晚返回的则要等到六七点才能吃晚饭。

当天中午，庙里会免费提供绿豆粥、馒头和榨菜等小菜给所有人。五圣庙厨房的灯从大暑日的凌晨一直亮到天亮，因为香客众多，烧粥的师傅半夜就得开始工作。张师傅用"烧粥的人都烧到睡着"来形容当日人数之多，由此也可看出东门岭五圣庙作为海门送大暑船唯一枢纽的工作之繁重。

三、葭沚送大暑船

椒江葭沚建起五圣庙后，送大暑船活动便逐渐转移、聚集到此。宋时葭沚渔商贸易已经繁荣，清康熙开海禁后更是成为当时台州地区的运输贸易中心。地理与经济的优势，是葭沚成为送大暑船风俗沃土的根源所在。

三、葭沚送大暑船

椒江葭沚一带的村落是送大暑船的核心区域，葭沚五圣庙为整个活动的核心枢纽。葭沚送大暑船承继自东门岭送大暑船，凭借着地理、经济等方面的优势，在规模与仪式流程上都更为盛大完整，分为建造大暑船、小暑日迎圣、请酒、大暑日送船等环节，前后时间跨度达三个月，是目前所知唯一将大暑船送出海焚烧的地方。

［壹］建造大暑船

大暑船能否在大暑节气到来之前完工，关系到整个活动是否能按时、顺利进行。葭沚五圣庙通常在农历二月初开始置办造船所需原材料和零部件，造船的原材料主要是竹子、木头和三合板，而船上的零部件则有200余种（套）之多。

待到农历四月，各种材料准备就绪后，五圣庙的堂主，也就是送大暑船的头家李佩青，就会召集十五六个匠人一起择定正式开始造船的吉日。大暑船最晚要在大暑日前半个月完工。整个制作过程是在葭沚五圣庙内进行的，完成后也是停放在庙内。2021年葭沚大暑船正式动工的日子在农历五月初三。

　　葭沚建造的大暑船，一切皆按照真船建造法建造，船体彩绘五色斑斓，比海门的船大且复杂。通常先用木头做骨架，再用竹条做第一层包裹，这样船体光滑平整，后期上漆也方便。最外层再用三合板做一层包裹。整艘船长8米，宽2米，长度接近于真船的1/3。船的主体是5个船舱，又叫做五道梁。从前至后分别叫做马口梁、走风梁、正撑梁、老爷梁、后闸梁。其中，走风梁用来竖大桅，正撑梁是整只船最宽的一道，老爷梁用来安置五圣神偶，后闸梁也叫船尾。从马口梁开始衔接的船头部分长2.1米至2.3米，

船体骨架（陶国富摄）

这部分也叫斗筋。

造大暑船有两道重要的工序。一是搭建龙骨，同时确定船底部各舱室的分布，此部分将为整艘船打好基础。葭沚大暑船的龙骨一般长 6.3 米。二是确定斗筋。作为船首，斗筋的走势与做工将决定船只的面貌与气势。这两道工序完成后，大暑船的基本骨架就有了。参与造船的匠人都是当地的民间手工艺人，每个人都是义务劳动，年复一年地参与其中，乐此不疲。他们认为送大暑船是保一方平安的大事，也与自己的"福分"息息相关，每个人都有义务参与进来。当然，在造船期间，庙里还是会提供一顿免费的午餐。

竹片包裹（陶国富摄）

有了基本骨架后，师傅们先用一条条的竹片包裹船身，再用三合板进行外层包裹。

完成部分涂装的大暑船

之后开始大暑船的上漆工作。在上漆前，先刮一层腻子，用来填平钉眼、缝隙等。然后用粗砂纸把需要刷油漆的地方都打磨一遍，保证船体表面的平整、光滑。除了斗筋部分是单一的红色油漆之外，船身其余部分的涂装色彩比较多样。船身侧面从下到上分别是暗红色、蓝色和黑白相间的涂装，层次分明，色彩艳丽。船首挡风板侧面，即船眼安装部分，采用的是粉红色涂装。船首最上层刷的是绿色油漆，因为这一部分弯弯的形状类似于人脸上的眉毛，所以大暑船在当地还有一个"绿眉毛"的"小名"。据造船的老师傅介绍，大暑船的涂装和椒江以前的渔船基本相似，但船身彩绘是大暑船独有的。

船头避水兽（辛姗姗摄）

　　大暑船是用来送"老爷"[1]出海的，所以其形制在立足于现实生活的基础上，又有一些艺术性改造，最明显的地方就是船身的彩绘。彩绘的颜料由庙里提供，内容也基

---

[1] 按照台州民间的习惯，人们将庙内供奉的男性神灵称为"老爷"，女性神灵称为"菩萨"。

船体彩绘（陶国富摄）

船尾彩绘（陶国富摄）

本固定。船尾左右舷要各画一条翘首生须、摆尾欲游的神鱼；船舱上要画龙和凤；船头则必须画上避水兽；船体的上半部分每一侧都被分为七个小块，每块均绘有彩图，并将各种有吉祥寓意的元素如踏莲花、八仙过海、长寿仙翁等融入装饰画；船尾作为一个整体，绘有大型图案，通常是一些取自《水浒传》的好汉故事。

　　彩绘画师是造船工匠中唯一有工

资的群体，因为他们是庙里从外地请来的，不属于当地的"编制"。两位画师与庙里合作多年，干起活来得心应手。选好题材后，两人分工合作，大约一个星期就能完成整船的涂绘。庙里基本不干涉画师的工作，只在工作期间每日提供一顿午餐。除了彩绘，还要在船上贴船对吉语，即吉祥文字"风调雨顺，

船对吉语（陶国富摄）

钉船眼（陶国富摄）

国泰民安"。船对的书写、剪刻都由五圣庙的执事周宏光老先生负责。

大暑船建造的最后一个步骤是钉船眼，需在那段时间里挑一个好日子。船眼也称"龙目"，传说是鲁班造船斗鲨鱼留下的，一般选用上等樟木制作。每只船眼都要用三枚长长的钉子由上往下牢牢钉住，人们认为这样就可以在出海时看到海中的鱼。船眼上还

缝船帆（陶国富摄）

船上的装备（陶国富摄）

要系上辟邪的五色布。钉船眼时，五圣庙内会举行一个简单的定彩仪式，邀请星光村的锣鼓队来进行演奏。

大暑船从头到尾，竖有三根大桅杆，船帆均能正常升降。帆布为白色布料，手工缝制。由于庙里空间有限，也出于安全方面的考虑，船帆只在做好后拉起一次。其余时间桅杆和帆布均整齐叠放在船上。待到大暑日将船拉到江边后，才由当地船老大和渔民重新竖起。

船舱内设有神龛香案，以备供奉五圣神灵。船内舱房设有公案，公案上印绶、签筒、惊堂木、文房四宝一应俱全。船尾顶部的舱室被分为两层，下层作为仓库，放置五圣的日用器具以及人们送来的供品；上层是五圣的起居室，比照真实房间式样装饰，与时俱进

地放上现代人的沙发、衣柜、餐桌等家具，两旁还立有服侍的"佣
人"。船两侧配有机枪、大炮等模型，作为船只的自卫武器，船上
还有 13 位水手。作为一艘祭祀为主的船只，船上堆满了信众送来
的供品，有猪、羊、鸡等祭品，也有用小袋装的谷、米、豆、麦，
每袋一升。

关于船只为什么要装载这么多食物，当地渔民有几种说法。有
的说五圣是瘟神，要恭恭敬敬地送他们出海，船上的东西给他们享
用，请他们走得越远越好。有的说出海的五圣与大暑船是保护渔民
与海上渔船的。从前渔民出海都是小船，常遇到危险。这时大暑船

水手人偶（陶国富摄）

1998年的大暑船（陶国富摄）

上的五圣就会解救他们，给他们送去食物，因此船上要备上许多吃食。温岭箬横、松门、钓浜一带的渔民在海上得救次数较多，他们认为是五圣所助，因此每年大暑时都赶来送船。

　　大暑船建造完成后就停放在五圣庙接受香客的朝拜。停放期间每天都有香客送来各种物品供奉。到大暑当天，船上的五个舱室会堆满香客们供奉的金银元宝。因为船舱空间有限，香客们都会提前将元宝送上船，去晚了的话，元宝"挤不进"船舱，只能放在编织袋里随拖船出海，五圣爷有可能会看不到。

[贰] 迎圣

　　葭沚五圣庙作为五圣的"行宫"，并无五圣常年坐镇。当地人民认为五圣自上一个大暑日被送出海后，已在外飘零一年，是时候在小暑日将他们迎接回来祭祀一番，以求他们继续护佑这一方土地。五圣的登场，标志着葭沚送大暑船活动的正式开始。

　　小暑日，由五圣庙组织人员到葭中路南路口迎接五圣回庙。迎接队伍由五座庙宇的负责人、各庙组织的表演队、随行的香客共同组成。迎圣时，各庙的迎接队伍是直接从各自庙里出发的，只要在指定时间到达指定地点集合即可。接到五圣后，再按各庙建制列队送五圣到五圣庙。

锣鼓队（陶国富摄）

　　虽说迎圣的活动规模不比请酒和大暑日送船，但各庙对小暑的重视程度却是丝

腰鼓队（陶国富摄）

毫不减的。单从五圣庙迎圣队伍的组成情况来看就可以说明问题。

五圣庙在小暑当天一般会出动近两百人，具体人员分工如下：

（1）开道锣两面，2 人。

（2）五圣庙旗旗手，6 人。

（3）西洋乐队，24 人。

（4）腰鼓队，30 人。

（5）"回避""肃静""五圣大神""四方平安"木牌，4 人。

（6）锣鼓队，24 人。

（7）老爷轿扶轿和仪仗人员，40 人。

（8）安保和其他人员，40 人。

周宏光等待迎接五圣（陶国富摄）

所迎的五圣是在椒江北岸的章安提前做好的五个着盛装的木刻坐姿小神偶。小暑日，章安那边也会派人用一口红色木箱将神偶送到指定地点，等待与迎圣队伍的交接。有一个值得注意的现象是，虽然五圣只有五位神灵，但是迎接队伍抬出了七顶轿子。这多出的两顶轿子是给集圣庙的本保爷和杨府庙的杨府爷的。杨府爷和五圣一样，在江北章安一同做

神偶（陶国富摄）

传统的老爷轿（陶国富摄）

了一个木刻小神偶，所以章安送过来的箱子里面实际供奉着六尊神偶。而本保爷是从集圣庙请来的神位，与集圣庙的迎接队伍一同出发。在迎圣当天，葭沚地方上最重要的两位神灵悉数到场，可谓是相当隆重了。

上午7点左右，仪式开始。三位戴着白手套、着白马褂的老者是固定的"捧佛"者。其中一名开启木箱，然后恭恭敬敬地按"张、

顺风鞭（一）（林友桂摄）

顺风鞭（二）（辛姗姗摄）

刘、赵、史、钟、杨"的顺序将神偶双手请出，放在托盘上；这时站在箱子旁边等待的另一名老者朝神偶作揖，然后接过托盘，高举过头顶，送到轿子旁；轿子边上是第三位"捧佛"者，朝神偶作揖后把神偶安放到轿子里，并为五圣整理衣服，最后将写着五圣姓氏的轿门帘拉上。整个过程中，有一位人员在旁边不断摇晃手中的藤圈，负责指挥工作和维持秩序。这个藤圈叫顺风鞭，外形类似现在的羽毛球拍，但只用一根藤条弯曲成这个形状，没有网格拍面。藤圈底部系红绸和两个小铃铛，挥动时红绸飞扬，铃铛发出悦耳的声响。迎圣队伍用顺风鞭来指挥调度队伍，一旦现场出现纠纷，也以此作为调解时的权威标志。这么多人聚集在一起共同完成一定的仪式，缺少必要的权威、号令和规矩，自然也是不行的。据说，旧时曾用鞭子作为庙会上的权威标志，用来向民众示威。如今人们觉得鞭子不妥当，才改成这个样式。

待众"老爷"上轿完毕，迎圣队伍便开始返回五圣庙。每个轿前都有一人举着标有五圣姓氏的大旗，后面则跟着一个人打着"万民伞"。

回到五圣庙后，抬着"老爷"的七顶轿子率先从南大门进入庙中，顺序与上轿时刚好相反。六尊神偶和本保爷的牌位被依次安放到五圣庙主殿的元宝桌上，在接下来的半个月里，七位神灵将在此接受香客的朝拜和祭祀。待神偶和牌位安置好后，参与游行的队伍进入五圣庙，一一敬拜，然后离开。最后是香客队伍的朝拜，点香燃烛，念诵不断。

迎圣仪仗（陶国富摄）

五圣一迎回庙内，道士就开始做保

五圣神偶（辛姗姗摄）

安道场。第一场道场由五圣庙出面来做，这笔钱来自群众的乐助，这场法事的意义就在于最先向五圣祈求，保所有群众的平安。此后才是其他庙和各户人家来做道场。一直到大暑日，每天有不同的道人班子，也有本地的诵经队伍前来"同台竞技"。

从小暑日开始，到五圣庙进香的香客明显多了起来。此时的大暑船也已基本完工，众香客在朝拜五圣的同时，也要拜一拜大暑船，祈祷一年平安顺利。

[叁] 请酒

"请酒"就是由担任葭沚"地方长官"角色的本保爷出面，邀请五圣到集圣庙来吃酒，以尽地主之谊。这个环节由集圣庙负责。这是葭沚送大暑船全程活动中唯一一个不固定日期的环节，在小暑日至大暑日这半个月内选择一个吉日举行即可。

早上8点，各庙的队伍陆续抵达五圣庙。人们从五圣庙的南大门进入，穿过前厅抵达中院，在中院的香炉前朝五圣庙正殿三作揖，再从东门出去，到庙旁的胡同里列队等候。这个队伍通常会延伸到工人西路上，首尾相距千余米。小暑日"迎圣"用的轿子在当日使用后会放在正殿一侧，此时被依次抬到正殿中间的两条长凳上。"老爷"上轿也是按照"张、刘、赵、史、钟"的顺序，杨府爷和本保爷最后上轿。请"老爷"上轿时，供奉神像的供案两侧都站有一位持藤圈的工作人员，每一个"老爷"离开时，工作人员都要将藤圈在身前的桌上重重地敲三下，然后再晃动藤圈。"老爷"的轿子依序从东大门抬出加入前面的队伍。等轿子全部出门，盛大的游行就开始了。

队伍打头的是两面开道锣。紧跟着的是一块写有"渔休节大暑庙会　葭沚街道五圣庙"的红底金字大牌匾，牌匾被安放在简易推车上，由前后左右四人推动前进。各庙队伍中都有舞龙队和锣鼓队，这两部分占据了各队伍的大部分编制，其中龙王宫有男女两支舞龙队，集圣庙有一支由九个大鼓组成的大鼓队，此外还有各自组织的民间表演队伍。巡境队伍的行进路线受近几年葭沚拆迁工程的影响，每年都会进行调整。但不变的是各表演队每经过一个路口，都会停下表演一番，尤其是舞龙队，舞得特别热闹。沿途信众持香目视着队伍前进，一些沿街商铺会自发地在门前摆上矿泉水，供路人免费取用。

请酒队伍（陶国富摄）

队伍即将到达集圣庙时，

送大暑船

到达集圣庙（辛姗姗摄）

集圣庙的工作人员会在门口燃放烟花爆竹表示迎接。庙里的大殿也摆放着两条长凳，作为"老爷"下轿的地方。阮总帅"做东"，坐在朝门的位置，两侧各摆放有三张供桌。每个"老爷"的座位旁都有一个专门负责给"老爷"打扇的老人；在老人的前方，还有一个盛了水的脸盆，供"老爷"洗漱。

"老爷"入座后，首先上茶。各表演队依次在集圣庙院中朝大殿行礼，然后有序离开。用茶过后，便开始上酒菜。在大殿左侧偏门处，站着一个手持藤圈、身着白衫的老人，当后厨门口的工作人员向他表示后厨准备就绪时，老人就用藤圈在门上用力地敲打。坐在大殿右侧的乐队听到后开始奏乐，大殿上的香客便会让出一条路。后厨负责上菜的七个工作人员将供品高高举过头顶，齐刷刷地走出来。当上菜的队伍接近侧门时，手持藤圈的老人就会走在他们前面，高举着藤圈，抖动上面的铃铛，一直将他们引到大殿正门处，然后再回到侧门边等候。工作人员将菜一一摆到"老爷"面前，行礼之后再排队回到后厨，等

每位"老爷"都有专门的服务者（辛姗珊摄）

上菜（陶国富摄）

引路（辛姗姗摄）

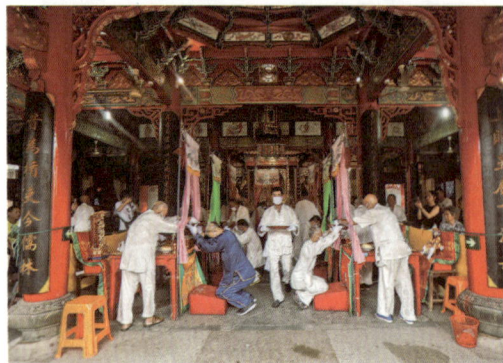

上菜仪式（陶国富摄）

候上下一道菜。如此反复，直到上齐十二道菜。

中午，各庙会安排自己的工作人员和表演队伍在庙里聚餐，一般五圣庙设50桌，集圣庙设30桌，龙王宫设25桌，文昌阁、杨府庙各15桌。

下午1点30分左右，宴席结束。各表演队伍照上午的顺序入场，送"老爷"回五圣庙。五圣庙的工作人员依次把"老爷"请回供桌上，表演队一一行礼，而后离开。"请酒"活动至此结束。

[肆] 送船

　　小暑日迎圣后到大暑日送船，这中间的半个月，俗称"大暑庙会"。附近的台州所属各县市区的群众络绎不绝地冒着酷暑到葭沚参与庙会活动，以渔民为主，也包括一部分农民和其他行业从业者。

　　五圣庙在附近借用了一些民房，办起临时食堂，为前来参加活动的香客和群众免费提供白粥、馒头和咸菜。厨房和餐厅是敞开的，就餐的地点就在离五圣庙不远的星光村戏棚里。临时食堂的入口处有一个塑料篮子，里面有一些香客乐助的饭钱。

　　庙会期间请来戏班子为神灵献戏是华夏民间习俗，大暑庙会当然也不例外。五圣庙的庙会戏一般在小暑日迎圣后过五天开始，通常都会演上十日十夜，每日下午、晚上各一场，直到大暑前一晚。大暑前一晚是五圣的寿诞，要

村里帮忙的妇女（陶国富摄）

演一些吉利、喜庆的庆寿戏，如《五女拜寿》《李国太回朝》《天官赐福》《打金枝》等。不管是演哪一出戏，开始之前都会有个序曲，当地人一般称为"前早"，由一个演员扮演小神仙，用当地方言为观众念吉语祈福，随后展

星光村临时食堂（陶国富摄）

大暑庙会戏（陶国富摄）

示并大声唱出助戏者给的红包数目，最后手持"仙桃树"，抛撒用糯米粉做的粘在桃树上的小仙桃完成赐福。这棵仙桃树最后会被供至五圣庙。

当晚除了庆寿戏，五圣庙内还有护寿和"打小食"的活动，庙内坐满守夜的民众，他们会在庙里坐着一直等到天明。夜深时，庙里开始"打小食"，给每位守夜者分发两包糯米饭，或是一包糯米

饭和两个印着红色"囍"字的馒头。"打小食"的经费全部来自民众的乐助,一人5元,凡是乐助者均可在当晚领到一份小食。

待到天明,将迎来整场庙会的高潮。

1. 送船

大暑日上午,从各地赶来的香客挤满了五圣庙的前厅和中院,他们主

五圣庙内的仙桃树(陶国富摄)

守夜的民众(林友桂摄)

要是来上香和向大暑船供奉元宝的。这天的香客中,有很大一部分是来自温岭、玉环,甚至宁波、温州等路途较远的地方的,他们没法参加前期的活动,便赶在大暑日来送大暑船。香烛可以自带,也可以到庙里买,但放到船上的元宝只能使用庙里提供的。元宝有金银两种,一篮元宝的乐助金额从15元到50元不等。随元宝上船

大暑当天的香客（林友桂摄）

写牒（辛姗姗摄）

的是一份写有乐助者姓名的杨府牒，这是为了方便五圣辨别是谁捐的元宝。在五圣庙的各类牒中，只有杨府牒可以放入大暑船中。小暑到大暑期间的杨府牒都在大暑当天统一由五圣庙负责写牒的周宏光老先生放入船舱。

葭沚大暑船是要送出海的，借着退潮的水流一路向东直至白沙洋北边。因为送船队伍需要在潮水涨平的时候抵达江边，所以队伍的出发时间是按"倒计时"的办法来推算的。

上午11点左右，五圣庙开始清场，只有相关工作人员留在庙内，因为这时候要准备请出大暑船了。工作人员要将大暑船的船帆降下以方便出门。

上午11点30分左右，水产码头商会的铜管乐队开始演奏热场。随后各庙的表演队伍穿着各自统一的服饰陆续进场，同样是南门进、东门出。与前两次不同，这次各表演队都需先在五圣庙的中院里简单表演一番，然后再行礼、撤离。

下午1点左右，各表演队全部撤离。五圣庙的工作人员换好统一的马褂，按顺序将"老爷"神偶和阮总帅龙牌请到轿子里，跟随前面的队伍从侧门抬出。之后由几十个青壮年合力将大暑船抬起，送到庙门外准备好的拖车上。大暑船出门后，七顶老爷轿也被依次抬出。

巡境路线一般是从镇西路出，沿葭沚的主干道葭沚中街向南至集圣庙，再沿着大路向北前行。巡境过程中，五圣庙的工作人员会在老爷轿仪仗前五米处摇动顺风鞭。老人们说，这是在提醒穿着短袖短裤或是打赤膊、打伞的行人注意回避。一路上，有不少居民自发支起小摊，免费向巡境队伍及行人提供棒冰、冰水、脸

收船帆（一）（陶国富摄）

收船帆（二）（陶国富摄）

大暑船出门（陶国富摄）

2021年暴雨中送大暑船（陶国富摄）

提供消暑物资（陶国富摄）

盆、毛巾等物品，有些商家还会主动熬煮解暑的银耳汤、绿豆汤等，供需要的群众自行领取。

送圣队伍的配置与几天前的"请酒"相似，只是增加了一些项目，比如踏地戏、卖糖担等。加上香客，队伍前后绵延1.5公里左右，由五圣庙统一带队指挥。每行至空旷处，队伍便会停下来表演一番，各庙的舞龙、舞狮队使出浑身解数，发挥看家本领，吸引着行人、游客的眼球。队伍组成情况通常如下：

（1）五圣庙队伍：带头锣2人，送大暑船渔休节牌匾4人，其他助理人

老爷轿前摆动顺风鞭（陶国富摄）

员约 50 人，大暑船护船约 20 人，总计约 80 人。

（2）杨府庙队伍：庙宇横额 4 人，锣鼓队 30 人，龙队 50 人，旗队 10 人，孟良、焦赞、穆桂英、杨宗保扮演者（各配 1 匹白马）4 人，荡湖船 16 人，马队 10 人，南泥湾舞蹈 17 人，太极扇 12 人，旗袍秀 22 人，抬阁（扮演观音、童男童女）3 人，其他助理人员及安保人员 30 人，总计约 210 人。

（3）集圣庙队伍：庙宇横额 4 人，提灯 2 人，肃静 1 人，回避 1 人，旗队 10 人，大鼓队 47 人，抬阁（扮演观音、民间故事人物、少数民族等）11 人，推车 20 人，木兰扇 20 人，荡湖船 10 人，锣鼓队 35 人，龙队 60 人，卖糖担 1 人，其他人员及安保人员 50 人，

总计约 280 人。

（4）龙王宫队伍：庙宇横额 4 人，军乐队 41 人，旗队 8 人，鱼、虾、蟹、目鱼队伍 16 人，锣鼓队 30 人，男女龙队 150 人，其他人员及安保人员 30 人，总计 280 人。

（5）文昌阁队伍：庙宇横额 4 人，旗队 8 人，锣鼓队 30 人，龙队 50 人，腰鼓队 40 人，其他及安保人员 40 人，总计约 180 人。

（6）五圣庙队伍：庙旗 6 人，小鼓队 25 人，扶音响 4 人，旗队 10 人，提灯 2 人，肃静 1 人，回避 1 人，锣队 12 人，扛老爷轿（7 顶）48 人，扶轿（拿顺风鞭）7 人，万民伞、大独旗 14 人，锣鼓队 35 人，龙队 90 人，滚狮子（4 只）8 人，腰鼓队 40 人，其他人员及安保人员 40 人，踏地戏（做戏人扮演关公、张飞等角色）3 人，总计 346 人。

各庙宇所组织的送船队伍总人数约 1360 人，老爷轿在游行队伍中间，最后面是一大批香客。在香客队伍的最前端，有一批穿着红衣戴着白丝线"项链"的"犯人"，他们是来"坐罪"还愿的信众。这类信众"坐罪"的年数分为三五年至终身不等。

送船队伍浩浩荡荡，经过葭沚的主要街道，一路巡行，最后抵达葭沚渔业码头。总里程约 2.5 公里，每个路口都有公安执勤，各庙也安排有专门人员维持秩序。

腰鼓队（陶国富摄）

龙王宫鱼灯队（陶国富摄）

集圣庙抬阁（陶国富摄）

游行队伍（陶国富摄）

仪式现场的队伍（林希曦摄）

请五圣入座（陶国富摄）

添酒（陶国富摄）

2. 祭海

经过两个多小时的游行，大部队陆续抵达葭沚水产码头。负责护船的队伍、五圣庙的工作人员、五圣庙西洋乐队、葭沚腰鼓队以及出海拖船的船老大等人员可以进入码头的仪式现场。其他队伍则排列在周围空地。

祭台是早早搭好了的，五圣庙负责祭祀事宜的人员早已安排妥当，供桌上有全猪、全羊、十六盘菜、十八盘糖果以及香烛。祭台原本是搭建在江边的，但因近年来香客越来越多，安全起见就将祭台移到了码头的停车场。工作人员按照"张、刘、赵、史、钟、杨、阮"的顺序三请"老爷"出轿，并移至供桌请吃酒，酒要添过三巡，加满为止。

大暑船安放在祭台的右侧，工作人员忙着给船竖杆、扬帆，同时在祭台广场的另一侧开始焚烧纸钱。等到大暑船准备完毕，便开始献祭。五圣庙的执事首先来到祭台祭拜，其他四座庙宇则稍后祭拜。在庙会队伍中表演的几支舞龙队，一一来到祭坛前向神灵叩拜。凡是在庙会队伍中进行各种民间文艺表演的方阵，也一一向神灵叩拜。最后由五圣庙堂主李佩青来宣读祭词。老人们说，清朝时还有地方官员宣读祭词，但并没有保留下来。现在的祭词是后来人们重新写的，叫《五圣庙会送大暑船祭文》，每年只对年月日等信息进行一些小改动。

当乐队开始奏乐，负责护船的青壮年们就抬起大暑船往椒江江边移去。负责在海上拖带大暑船的渔船也放起冲天炮。五圣老爷和杨府爷被依次请到大暑船的"老爷舱"。"老爷"全部上船后，停在旁边的吊车开始把大暑船吊放到浮排上。这时鞭炮齐鸣、烟花升空，站在岸边的香客不停作揖，口中念着"送暑平安"。

3. 焚船

下午 5 点左右，船老大们竖好桅杆，大暑船撑起船帆。一艘渔船先行离岸，在不远处等待。另两艘渔船并排开到大暑船前面，放下拖绳，码头边的工作人员将大暑船与渔船连接到一起，然后由

送大暑船

送"老爷"上轿（陶国富摄）

周宏光负责接"老爷"上船（陶国富摄）

移动大暑船（陶国富摄）

吊大暑船（陶国富摄）

两艘渔船拖着大暑船离岸。到达江中心后，并排的两艘船解开相互间连接的缆绳，改为一前一后航行。在前的渔船继续拖行大暑船，后面的渔船与先行离岸的船一左一右跟在大暑船后，成护航之势。

过了椒江三桥不远，第一艘离岸的渔船开始返航，另一艘护航渔船也在不久后返航。最后只剩下一艘渔船拖着大暑船驶向椒江入海口。这艘船将在入海口的中央航线上点燃大暑船，并解开拖绳，让大暑船漂入海中。

晚上7点左右，渔船驶到预定地点，工作人员开始往大暑船上倒油，然后用一根长杆点火。船上开始放烟花、鞭炮，众人朝大暑船作揖。渔船拖着燃烧的大暑船继续前行约两百米后，工作人员就会解开船尾连接大暑船的拖绳。待大暑船顶部燃烧完毕，最后一艘渔船也会驶离。在离开前，渔船会高速绕行大暑船一圈，然后朝椒江码头返航。燃烧的大暑船在海上浮沉，逐渐消失在人们的视野中。一年一度的民俗盛宴也就到此结束了。

椒江江面上的大暑船（陶国富摄）

燃烧的大暑船（陶国富摄）

四、送大暑船的特点与价值

「送大暑船」是江浙沿海「送船」习俗中为数不多的、保留至今且十分活跃的民俗活动，在送船方式、时间跨度等方面都凸显了台州湾一带的地域民俗特征。五圣信仰的参与者从渔民到大众的演变，也充分说明了这一地域性民俗活动的巨大影响力。

四、送大暑船的特点与价值

椒江送大暑船习俗延续百年，影响深远，相较于其他地区的送船活动，其特点主要在于：送船方式的特殊性、时间跨度的独特性、群众参与的自觉性、表现形式的多样性。送大暑船是民间节气演变成大型庙会的见证，其价值主要在于：体现了传统节气的丰富性和独特性；反映了人与自然的良性互动；促进了地方民间艺术和手工技艺的传承；是安定和团结地方社会的重要保障。

[壹] 送大暑船的特点

1. 送船方式的特殊性

作为五圣的交通工具，"大暑船"是必不可少的重要道具。大暑船在大暑日当天祭祀活动结束后要被人们送出人间日常居住的世界。民间送瘟船的形式基本可分为"焚烧"和"漂流"两种。各地区通常按照传统的习惯，采取其中一种形式。极少数地区存在着两种形态共存的现象。如乾隆二十九年（1764）刊刻的《凤山县志》记载，在当地"王醮"祭祀活动中，"醮毕，设享席演戏，（船）送

2000年前送大暑船（陶国富摄）

至水滨，任其漂去（纸船则送至水滨，焚之）。"[1]但椒江送大暑船的方式要比两种形态共存的情况更特殊一些。

椒江送大暑船起源地东门岭五圣庙所送的大暑船，经历了从草船到纸船，再到木船的演变，但始终是以焚烧的方式来送船，只不过焚烧的地点发生了变化。草船时期，大暑船由道士做醮后焚化在海门卫城的东门旁。从纸船时期开始，大暑船被送到五圣庙西边外沙路的椒江旁焚烧。其焚烧地点从城镇内变成了椒江入海口的

[1] 乾隆《重修凤山县志》卷 3《风土志·风俗》，《台湾文献史料丛刊》第 1 辑，第 146 种，台北：台湾大通书局，1984 年，第 61 页。

1998年的葭沚全景（陶国富摄）

水边。待五圣庙落地葭沚，当地人民就以"漂流＋焚烧"的方式送走大暑船，由两艘渔船护航，一艘渔船拖行大暑船漂流至远离陆地的大海中，再进行焚烧。

影响人们选择"焚烧"抑或"漂流"的主要原因是扎根在人们头脑中的传统信仰。刊刻于清光绪二十年（1894）的《澎湖厅志》的一段叙述提供了重要的线索："（船）造毕，或择日付之一炬，谓之'游天河'，或派数人，驾船游海上，谓之'游地河'，皆维神所命焉。"[1] 由此可知，在"焚烧"和"漂流"两种方式的背后，分别

[1] 光绪《澎湖厅志》卷9《风俗·杂俗》，《台湾文献史料丛刊》第1辑，第164种，台北：台湾大通书局，1984年，第325页。

存在着一种"游天河""游地河"的信仰，学界认为这两种信仰分别象征着垂直轴的神灵世界——天界、水平轴的神灵世界——水之源头。[1]送大暑船活动最初在东门岭五圣庙兴起是因为民间瘟疫四起，人们送船是为了送走瘟神。当五圣"行宫"在葭沚落成时，因为葭沚民众普遍赖渔而生，他们不仅希望五圣能够保陆地生活之平安，也希望五圣能保海上生活之平安。民众的愿望是葭沚一地选择"漂流＋焚烧"的送船方式的主要原因，葭沚五圣庙所处位置的临江优势则为这种送船方式提供了便利，使其具有特殊性。

2.时间跨度的独特性

如果不计入造船所花费的时间，台州各地举行的送大暑船的活动时间大多只有一天，即在大暑日或大暑前的某一日送船，而椒江葭沚的送大暑船活动则持续半个月。

自从葭沚建起五圣庙后，凭借着地理、经济等方面的优势，椒江的送大暑船活动也慢慢聚集到此，送船规模逐渐壮大。相较于其他地区，椒江葭沚送大暑船多了"迎圣""请酒"环节。这是因为葭沚的五圣是从东门岭"请"过来的，因此每年都要到东门岭去"迎圣"，五座庙宇组成的队伍浩浩荡荡。迎接的是五圣的小神偶，由东门岭五圣庙的造船师傅打造。后期葭沚的各个仪式环节都已成熟且自有一套流程，五圣小神偶也改为在椒江北岸章安打

---

[1] 黄强:《中国江南民间"送瘟船"祭祀活动研究》,《民族艺术》1993年第3期。

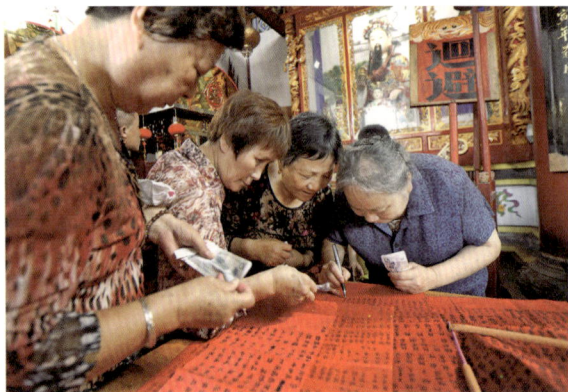

乐助的民众（陶国富摄）

造，不再去东门岭迎圣了。

一年中最炎热的时段是葭沚最热闹的时候。从五圣入驻到大暑当天的十多天内，五圣庙内卖牒拜忏，五圣庙外演戏酬神，外地来赶庙会的人络绎不绝。为了招待好"老爷"，又设置了"请酒"这一环节，由葭沚本保爷做东宴请五圣，以示葭沚一地民众的热情虔诚。这又是一场五座庙宇共同出动的仪式。大暑日，活动达到高潮，巡行的队伍规模也最为盛大，最后在江边举行祭祀仪式并送大暑船出海。当晚，拖行大暑船的渔船的顺利返回，宣告了这一场长达半月的民俗盛会的落幕。

从小暑日迎圣，经请酒再到大暑日送船，伴随着庙会戏、护寿等活动，在半个月时间内，椒江葭沚的送大暑船活动一波一波推向高潮。相较于其他地区的一日活动，在时间跨度上体现了它的独特性。

3. 群众参与的自觉性

椒江送大暑船是以一个村或者几个村为单位而举行的送船祭

祀活动。因为人们普遍信仰五圣，认为送大暑船是为了保地方上的平安，人人都应该参加。

小暑之前主要进行造船工作。在与造船组师傅的交流中，笔者了解到有好几位师傅认为来庙里帮忙是做好事："自己找到五圣庙，主动参与进去，一开始打打

老师傅带着年轻人造船（陶国富摄）

凌晨忙碌的厨房（陶国富摄）

下手，因为有手艺，慢慢就融入进来成为造船组的成员。"小暑之后，五圣庙内越发忙碌，星光村和周边的村民都会主动找头家讨一份差事做。比如送船时要许多人用杠子抬船，年轻人都会争先去抬。轮不到的人，就会到厨房帮忙烧火，或是帮忙洗菜，也是很高

通宵熬煮的白粥（陶国富摄）

兴的。活动期间，除了"迎圣""请酒"和"送船"当天中午的正餐会请专业的厨师外，其余时间烧粥、蒸馒头的工作主要由村里的妇女完成。煮粥的两个煤炉昼夜不息，每天晚上要准备差不多四十大盆的白粥和相应的咸菜。参加活动的人数众多，后勤保障工作的难度可想而知。再加上多数时间处在三伏天的头伏，后勤人员的辛苦程度也不言自明，而他们全都是义务劳动的。

每年的葭沚送大暑船活动上，大家总能见到一位熟悉的摄影师——陶国富。陶国富是地道的葭沚人，早在1998年，他就开始记录送大暑船活动。虽然平时在温州上班，但每年活动期间，陶国富都会特意赶回家来拍摄。因为葭沚送大暑船活动时间跨度长，他得来来回回跑许多趟，但六、七月份的奔波已成为他每年的固定行程。有时候陶国富会和妻子兵分两路去拍摄，有时候妻子负责骑电瓶车送他到不同地点提前等候拍摄。夫妻俩用相机完整地记录了1998年以来每一年的送大暑船活动，保留了许多珍贵的历史影像。

如今五圣庙每年都会给他们准备一个工作牌，方便他们进行拍摄。

除此之外，也有许多其他行业从业者自觉地参与活动。椒江北岸的家具厂常常会送来一些大暑船上所需的小型家具，葭沚街上的商户会在送船沿路免费供应水、冰棍等。无需号召，各家各户都自觉

陶国富夫妻俩出海跟拍（陶国富提供）

帮忙整理福寿纸、叠元宝的老人（辛姗姗摄）

地参与送大暑船活动，这对形成和谐友善的社会氛围也具有重要意义。

4. 表现形式的多样性

在民间信仰活动中，信仰仪式因社会记忆的流转而保留下来，民众虔诚的信仰心理则逐渐与求美的艺术心态交织。送大暑船活动中，不仅有对神灵的敬畏和祭拜，还有逐渐变得精致的大暑船、

融入了本地多种民间舞乐形式的送船队伍，场面虔诚而热烈，使之成为一种内涵丰富、极具艺术性的大众文化活动。

抬阁是传统节庆活动中的一种民俗巡游表演形式，起源于传统迎神赛会活动中的肩抬诸神塑像的"扛神"，而后逐渐演变为扛抬扮演诸神的人。抬阁盛行于明清时期，流传过程中与各地具体情况相结合，形成不同的特色。葭沚的抬阁比较精简，阁子只有1层，约1平方米大小的方形台面上坐两三个小演员，一般都是8—10岁的孩子，穿上戏服扮演王母娘娘、观音、皇帝、媒婆等角色，各自配上道具，坐在阁内。阁四角各竖一根竹竿，饰以彩条、彩灯，顶上覆以篷盖，披红挂绿。从天气、安全、体力等方面综合考量，在阁子的底座安装了轮子，一台阁子只需4个人推着前行即可。以

不同造型的五圣神偶（林友桂摄）

前，抬阁是由
集圣庙保下的
"福禄寿喜" 4
个小保界共同
负责组织的，
角色也是轮流
扮演。因为老
人们认为小演
员所扮演的角
色都是能带来

不同造型的抬阁（陶国富摄）

福气、好运的，大家轮流扮演就可以同享这份福气。现在，抬阁由
集圣庙统一负责组织。集圣庙负责人赵东富介绍："以前大暑日是
会聚集三十六行的人员来送行的，比如卖甘蔗的、卖白糖的，现在
都找不到了，就由童男童女来扮演角色。老人们会根据小演员的岁
数、气质来确定他们所扮演的角色。"葭沚的抬阁并无表演技巧，
简单易行。因为扮演者都是当地的小孩，群众积极性很高，是一个
较受欢迎的节目。

闹湖船是传统的民间舞蹈。葭沚的李华志和韩雪梅夫妇是最
早把闹湖船表演引入送大暑船活动的。韩雪梅是温岭呑环人，在
呑环的幼儿园任教时，韩雪梅向北方来的同事学习闹湖船的表演技

2005年韩雪梅表演闹湖船（陶国富摄）

艺。嫁到葭沚后，因为夫妻俩都爱好文艺，便开始琢磨改进闹湖船的技艺，后来被群众推荐在大暑庙会中表演。1989 年开始，夫妇俩打造出两艘色彩艳丽的表演船，随后组建了第一支闹湖船队伍。他们自编自导，打磨动作，陆续设计出"双龙拍水""八仙过海""采红菱"等多个风格迥异的桥段，设计了穿插、排列、造型、亮相等动作。与之相应，船夫划桨的动作也进行了优化。闹湖船队伍载歌载舞，颇能渲染活动的热闹气氛。

后来，李华志还在送船队伍中挑起卖糖担来扮演白糖客[1]。李

[1] 在椒江民间，做小生意的人被称为"小客"，卖白糖的生意人就叫做"白糖客"。

李华志卖糖担（陶国富摄）

华志出生于 1936 年，他的父亲曾在葭沚米行街上开了一家理发店。李华志小时候放学回家就帮父亲打下手，店里的客人各行各业都有，李华志因此听了很多民间故事和传说，也知道了许多"生意经"，现在扮起白糖客十分像模像样，一路下来能唤起许多人的童年回忆。

白糖客售卖的一般都是由饴糖制成的一个圆饼形的、外包竹箬的"白糖"。他们挑着白糖箩，摇着手锣招徕客人，台州民间也有称之为"敲锣糖"的。人们可以用家里的废铜烂铁、鸡毛、蓑衣等东西交换适量价值的白糖，也可以用钱买。白糖客将一把厚背的小刀放在糖饼上，再用一只小锤敲打刀背，就把一块糖敲碎了。糖

担一头放着换来的废品，一头放着糖饼和工具。白糖客走街串巷，
奔走四方，一路上摇着白糖鼓，口里还唱着《卖白糖歌》：

> 小客家住沙埠，呒告[1]生意好做，
>
> 卖卖白糖，对对杂货，
>
> 白糖鼓搋一搋[2]，换来猪骨头倒牛角。
>
> 脚踏高呈呈，换来棕榈衣旧麻绳。
>
> 被絮生蚤，换糖顶好；
>
> 被絮生虱，换糖第一；
>
> 被絮生蚤屙，换糖顶合算；
>
> 蓑衣整领，换糖整饼。
>
> 咧咧碌碌[3]，龟板鳖壳，
>
> 小人望见勿要吓，
>
> 拿来换糖有得吃！

此外，还有舞龙、腰鼓、西洋乐等队伍参与到活动当中。这些
不同形式的民间艺术已成为每年送大暑船活动的一个重要组成部
分，确保了送大暑船活动在内容上更丰富，形式上更完整。

---

[1] 椒江方言，表示没有。

[2] 椒江方言，表示摇一摇，白糖鼓类似于拨浪鼓。

[3] 椒江方言，指龟甲等撞击发出的声音。

[贰] 送大暑船的价值

1. 体现传统节气的丰富性和独特性

"二十四节气"形成于中国黄河流域，是我国古代劳动人民经过长期农业生产活动，对一年中的天文、气象、物候、农事、时令等方面进行观测、探索、总结的结果，是我国几千年来特有的完整的时令系统。"凡农之道，厚之为宝……是故得时之稼兴，失时之稼约。"[1] 充分说明了掌握季节气候的变化对于农业生产的重要性。所谓节气文化，正是在这种背景下产生的。

在农耕社会，二十四节气指导农事节律，节日与农事节律相适应，随之起起落落，一年四季各有其时。各种节日巧妙配合而又有序地分布于时间与空间之中，呈现节律性的特征。[2] 在千百年的演变中，民间逐渐形成了许多与信仰、禁忌、仪式、礼仪、娱乐、饮食、养生等相关的岁时节日。"不同的节日，会有不同的民俗活动，而且都是以年度为周期，循环往复，周而复始。"[3] 这是由农业社会的本质所决定的。

2006 年，"农历二十四节气"入选第一批国家级非物质文化

---

[1] 高诱注，毕沅校，徐小蛮标点：《吕氏春秋》卷 26，上海：上海古籍出版社，2014 年，第 621—625 页。

[2] 参见王加华：《被结构的时间：农事节律与传统中国乡村民众年度时间生活——以江南地区为中心的研究》，上海：上海古籍出版社，2015 年。

[3] 袁学骏编著：《岁时节日》，石家庄：河北人民出版社，2009 年，第 1 页。

遗产代表性项目名录。此后，"九华立春祭""班春劝农""石阡说春""三门祭冬"等传统节令习俗陆续被列入该项目的扩展名录。2021年，台州市椒江区"送大暑船"被列入该项目的扩展名录。与其他扩展项目所带有的农耕文明特征不同，"送大暑船"依托"大暑"节气表现出显著的海洋文化的特征。

俞樾曾注意到："余从前客休宁汪村时，每年四月间，有打标之俗，亦所以逐疫也。糊纸为船，无物不具，但皆以纸为之耳。焚之野外，云送之游西湖，俚俗相沿，可发一噱……临海之船，竟

2000年前送大暑下水之前（陶国富摄）

是真船，宜其灵异更著矣。"[1]"休宁汪村"即今安徽省休宁县一带。椒江送大暑船的仪式较内陆地区的"送瘟船"更为繁复，规模也更为盛大，尤为特殊的一点是按照传统渔船打造具有"真身"的"瘟船"。我们可以将其看作是台州湾渔民在海洋环境下根据自身需要不断增衍的结果，是一种习俗的再创造。此外，椒江送大暑船的祭海仪式，根据潮汐确定的送船时间，民间流传的大暑船在海上送粮救人的传说等，都与当地民众海洋实践相关，其风俗习惯以及规范、行为模式都有鲜明的台州湾渔区特征。

作为民族文化传统延续、再延续的生命场和椒江民众海洋祭祀文化的遗俗，送大暑船历史悠久，积淀深厚。它是节气文化与海洋文化的共生载体，是我们研究和探索台州湾先民海洋崇拜文化的重要线索。它在与华夏文化族群的融合互动中呈现了复杂多样的面貌，体现了传统节气的丰富性和独特性。

2. 反映了人和自然的良性互动

在民间，一般有两种办法送瘟神：一是严厉斥责乃至追杀；另一则是"和"之了事。《海门志》曾记载康熙四十一年（1702）椒江民间兴起的一种送瘟方式：

四十一年壬午奉诏修城，经游击荀桂监修，赦城内之钱粮作招徕之大计，然居民稀少，市井萧条，加之以灾殃，癫之以瘟疫，

---

[1] 俞樾撰，徐明霞点校：《右台仙馆笔记》卷12，第303页。

夕阳初泯人则闭户而卧，合城如是，相沿百余年。父老赴涌泉寺
请六可禅师逐祟，一日禅师潜来，登城敲盂，敲至西门，识者谓
禅师至矣，欢迎邀请未竟而去，叹曰怪虽避，必复返矣。后遭瘟
疫祈请不来，嘱各保缚小神像于竿间，鸣锣击鼓往来驰逐，以壮
声势而僻邪祟，名曰绰菩萨，遂成乡例。从此地方安谧，鸡犬渐闻
于境内，桑麻竟偏于村中，帆樯零集而来关，商旅云屯而适市。[1]

"绰"为椒江方言，是"戳"的意思，将象征瘟神的小神像绑
在竹竿上，鸣鼓驱逐，显然是第一种严厉斥责乃至追杀的送瘟方
式。而后流行于椒江民间的送大暑船采用的则是第二种"和瘟"的
方式，其显著特点就是营造热闹氛围，送瘟神坐船高兴离去，不要
在本地捣乱。

送大暑船节期贯穿夏季的最后两个节气——小暑与大暑，此时
正是休渔期。渔民们稍有余暇，与家人、朋友相聚，他们恭敬献祭
请五圣离境，也借此机会举行各种民间艺术表演，欢庆渔业丰收，
祈求生活更加平安美满。年深日久，送大暑船逐渐演变为一个充满
欢乐、祥和气氛的民间节日，送瘟神的恐惧与紧张气氛日益淡薄。
制作愈加精美的大暑船亦从驱除瘟疫的载体演变为台州湾渔民节日
文化的特殊符号，寄予着渔民祈求平安的美好愿望。人们选择在大
暑期间休渔并开展民俗活动，也是古代渔民保护海洋资源的原始、

[1] 金商、金星洲:《海门志稿》,椒江市地方志办公室编:《海门镇志稿》,第204页。

制作精美的大暑船（陶国富摄）

质朴的反映。从"驱逐"到"恭送"，沿海人民在对自然始终保持敬畏之心的同时，也表达着他们对海洋感恩、答谢的复杂情感和对自身生命的关爱之情。

送大暑船将节气与节日合二为一，衍变为椒江地方的"渔休节"[1]，又在祭祀活动中增加了祈求国泰民安、风调雨顺等内容，对建设和谐社会、服务民众起着重要作用。它所反映的人与自然和谐、人与社会和谐、人与人和谐的理念，是建设生态友好的文明社会的

[1] 2000年送大暑船活动期间，葭沚送大暑船正式打出"渔休节"的旗号，活动十分红火。

宝贵文化资源。

3. 促进了民间艺术和技艺的传承

送大暑船不仅有复杂的祭祀仪式，在游行队伍中更是融入了大量的民间表演。这些民间表演或以仪式辅助的形式，或以娱乐助兴的形式穿插其中，占据了十分重要的地位。活动年年定期举办，既能使后人了解地方民间艺术表现形态，也在无形中传承台州湾民间优秀的文化传统，对保存当地的民间艺术具有重要意义。

龙王宫女子舞龙队（陶国富摄）

男子舞龙队的父子兵（陶国富摄）

舞龙、舞狮、闹湖船这些很少在正规舞台表演的民间艺术为送大暑船活动增添了一抹亮色，也因送大暑船活动的客观需求，获得了更大的生存空间。同时，不同类型、不同村落的民间艺术集中于一时一地进行表演，形成了文艺汇演的格局。特别是五座庙宇的舞龙队的表演，带有一定竞技比赛性质，客观上

彩绘（陶国富摄）

手工制作船帆（陶国富摄）

促进了民间艺术的自我完善与进步。这些珍贵的非物质文化遗产也借着送大暑船的东风在现代社会得到了传承和发展。

另外，活动涉及的实物体量大、物件多，基本为手工制作，是民间手艺独特魅力和智慧的直接表现。从大暑船的船体制作上，可以看到椒江先民船只制造方法和形制的延续。大暑船的船型源自宋

元时期出现的"绿眉毛"。在捕鱼业越来越发达的今天，钢体船的优势更加明显，基本上已经取代了木制船。现在我们在海上已经基本见不到"绿眉毛"了，但其船型及制作工艺却在送大暑船习俗中得到了保护和传承。

此外，大暑船建造过程中还有大量民间艺术的参与，船体上丰富的好汉故事彩绘、船头生动的避水兽，以及许多手工制作的小物件，可以说大暑船是中国民间木工艺术、彩绘艺术的重要载体。这些民间艺术与送大暑船习俗相辅相成，共同传承。

4. 安定、团结地方社会的重要保障

送大暑船是台州湾地方民俗文化的活态呈现，具有深厚的地域民间原生态背景，很好的民间参与度和辐射力，寄予着村民祈求渔业丰收、国泰民安的积极价值观，具有凝聚族群、丰富民众精神生活的现实意义。

林美容曾给出信仰圈的范围界定标准："以一神为中心，成员资格为志愿性，且成员分布范围超过该神的地方辖区，则谓其为信仰圈。"五圣庙虽然属于它建立之时有份出钱的社区，但其一经建立，便具有开放性，人人都可以到庙里求神，参与一些庙内的活动，一般信徒常做的就是添香油钱、拜牒等。"因为神明信仰的开放性，有灵验的神明就能吸引外地来的信徒，而神明的灵验又常跟它的历史的长短有关，神明的庙宇所在的地理位置也会影响其灵验事迹的传播。"[1] 显然莨沚作为一个交通要道，相较于海门东门岭更容易传播五圣的"灵验事迹"，其信徒的分布范围也更容易超过庙宇所属的莨沚街道而形成一个信仰圈。

2000年前送大暑船的信众（陶国富摄）

2019年送大暑船的信众（林友桂摄）

莨沚送大暑船本质上是"以五圣庙为主，多庙合作"的跨社区共同祭祀实践。这五座庙宇在小暑到大暑期间各司其职又通力合作。不仅是庙宇所代表村落的村民参与活动之中，庙宇所供奉的神明在这场活动中也都

[1] 林美容：《彰化妈祖的信仰圈》，叶涛、周少明主编：《民间信仰与区域社会：中国民间信仰研究论文选》，桂林：广西师范大学出版社，2010年，第107—108页。

承担着各自的职责。送大暑船经历了"文化大革命"阶段的凋敝期，此后的恢复过程中，周边区域民众的支持捐助是其恢复和兴盛的重要原因。当地人民因为共同的信仰而聚集、团结在一起，龙王宫与文昌阁两座庙宇的加入正是其凝聚族群作用的一个有力体现。

五圣信仰圈内的送大暑船活动是星光村及其周围村庄互帮互助的一个黏合剂，有力地增强了村民的凝聚力，加强了村民们的互助友爱氛围。恢复村庙权利的空间，还给村民们带来了认同感、归属感和共同的价值观。在更深层次的意义上，使得葭沚以星光村

村里妇女承担后勤工作（陶国富摄）

为中心的几个村落及村民连接在一起，奠定了如今椒江送大暑船的
展演规模和秩序，也促进了村落共同体的融合，是安定和团结地方
社会的重要保障。

五、送大暑船的传承与保护

在椒江，制作大暑船的技艺和复杂的祭祀仪式从清代开始一直没有中断过，参与人群数量大。但在调查过程中，也发现熟悉流程及承担造船、祭祀等重要工作责任的人年龄普遍偏大，许多珍贵的仪式和相关知识还需拓展更多的传承渠道。

五、送大暑船的传承与保护

送大暑船不仅是一种具有历史记忆的信仰民俗活动，也是一种活态化的、充满生机的、自我娱乐的、具有现代化生活内容的文化形式。本章主要梳理送大暑船历代传承人员的信息，分析送大暑船现状，介绍近些年椒江区相关部门及送大暑船保护中心所采取及实施的保护措施。同时通过回顾送大暑船发展历程、分析其保护计划，提出对送大暑船未来发展的展望，希望这一民俗能得到更好的保护与利用，实现传承与发展的有效融合。

[壹] 送大暑船的传承[1]

东门岭五圣庙的送大暑船的传承人，大多已不可追溯。根据张明友师傅的回忆，在他母亲来东门岭参加活动时，庙里有一个道士"先富"和另一个人共同筹办送大暑船活动，但具体信息已不可考。道士"先富"离开后，海门西门人三妹娘来接替。"三妹娘"并不是真名，她的生卒年也无人知晓。三妹娘去世后，三妹（？—2013）接替其母工作，在五圣庙主持送大暑船活动十几年。之后

---

[1] 所有传承人及传承群体成员信息，均根据两座庙宇的负责人及活动主要参与者的口述和提供的相关资料整理所得。

便到了缪荣华和张明友
一代。

缪荣华，生于 1947 年，
海门东方红人。2007 年退
休后，到五圣庙负责送大
暑船活动。2019 年，缪荣
华成为海门灵康庙负责人，
但在五圣庙筹办送大暑船

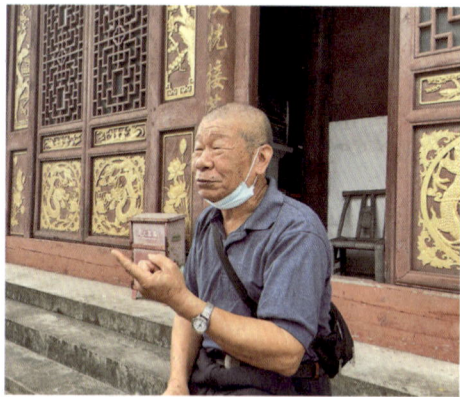

东门岭送大暑船负责人张明友（辛姗姗摄）

活动期间，仍然协助负责外场的工作，东门岭五圣庙的乐助账目都
由其负责登记并上交民宗局。

张明友，生于 1949 年，海门城隍浦人。30 岁时开始参与送大
暑船活动，每年扛送大暑船。张明友对海门、葭沚两地送大暑船
活动的历史、差异都了解得非常清楚。2019 年，因海门灵康庙交由
缪荣华负责，张明友成为五圣庙负责人，主要负责送大暑船活动。

葭沚送大暑船，以五圣庙堂主为总指挥，此外还有许多人协助
堂主共同承担送大暑船的各项工作，他们都被称为"堂的人"[1]。相
对于村里其他人员，他们是固定在五圣庙做事的人，年龄大多在
60 岁到 80 岁之间，也都是当地人公认的"有福之人"。他们或负责
造船，或负责收取、记录五圣庙卖牒所得的缘金、香油钱、乐助，

[1] 在椒江方言里，相当于说这个人是"江边堂里的人"，亦即"编制"在江边堂的人。

第五代传承群体合影，中间为第四代头家何玉凤老人（陶国富摄）

或负责写牒，或负责"捧佛"，也有负责叠元宝等后勤杂务的。总之，"堂的人"配合堂主工作，保障送大暑船活动的正常运行。

笔者在调查葭沚送大暑船传承人相关信息期间，一直受到五

送大暑船的核心成员们（辛姗姗摄）

圣庙的老人们的热心帮忙。但由于时间久远，也缺乏相关纸质资料，因此只能追溯到部分成员的信息。现将葭沚送大暑船五代传承群体的资料整理

如下。

1. 第一代

黄崇威（1873—1931），号楚卿，葭沚人，当时的台州首富，曾担任过东山中学校长，在地方上颇具权威。葭沚的五圣庙由其倡议兴建，并带头捐款、组织募捐。因葭沚五圣庙规模宏大，且靠近江边，送大暑船活动在此落地，周边送船活动逐渐聚集至葭沚。

在笔者对五圣庙各位执事的访谈中，大家都一致认为黄崇威是第一代传人。虽然黄崇威不曾负责五圣庙，也没有他倡议或捐资举办送大暑船活动的相关文字留存，但在将五圣庙迁至葭沚这件事情上，黄崇威是具有首功的。葭沚人民认为葭沚的第一场送大暑船活动必定有黄崇威的一份力，因此将黄崇威定为第一代传承人。

2. 第二代

郭文贵（1875—1958），第二代的"头家"，星光村人。郭文贵是旧时的保长，牵头送大暑船活动。

3. 第三代

徐大奶（1906—1991），第三代的"头家"，星光村人，担任过星光村村长、农会主席，负责组织送大暑船活动，进行大暑船制作。1958年左右因"搞迷信"之名被捕入狱。

林老乌（1902—1957），葭沚人，徐大奶的亲家。冯天顺（第五代传承人之一）称其是一个真正的造船老师，因为他是实实在

在的一位做木壳船的手艺人。林老乌受徐大奶邀请，在 1952 年到 1957 年间负责打造大暑船。但受当时形势影响，送大暑船活动被划为迷信活动，林老乌也因"搞迷信"之名被捕入狱，病逝于狱中。

黄金法（1925—1999），葭沚浦西大队队员，地道的渔民。平时喜欢自己动手钻研，别人做大暑船时，他就在边上边看边学习。1958 年开始接替林老乌的工作，负责打造大暑船。

4. 第四代

何玉凤，第四代的"头家"，星光村人，生于 1929 年，曾做过海蜇加工厂、棉花厂、火砖厂女工，担任过村老人协会会长。

何玉凤（陶国富摄）

初时为送大暑船活动牵头组织者之一，负责活动现场的社戏及招待等事宜，"文化大革命"后主要负责组织送大暑船活动。何玉凤在群众中很有威信，因此在何玉凤负责送大暑船活动后，五圣庙自然而然地成了村里老人活动的场所。其间，她将五圣庙进行宗教活动场所申报审批和登记，并进行多次修缮。

解桂连，女，葭沚人，生于 1952 年。初时负责协助何玉凤筹划、协调送大暑船活动。在五圣庙搬迁新建时，因为何玉凤年老，体力不支，解桂连就负责五圣庙搬迁新建的主要工作，对现在位于尚德路的五圣庙的建设有突出贡献。

周普福，葭沚星明村人，生于 1926 年。20 世纪 50 年代初是葭沚星明大队渔业队的成员，在渔船上当"老大"，被当地人称为"落船人"。周普福有着丰富的海上作业经验，熟悉船上各处的细节构造，在当地渔民中有很高的威信。周普福、蒋小环是第四代传承群体中负责打造大暑船的。

蒋再贵（1939—2011），又名蒋小环，葭沚人，当地人多叫其小名"小环"。蒋小环在家里五个兄弟中排行老二。蒋小环父亲是做辘轳的，大暑船上的辘轳均出自蒋父之手，蒋家五个兄弟也都跟随父亲学习这门手艺。蒋小环自 1962 年来到五圣庙参与打造大暑船，坚持这份义务工作直到 2011 年去世。在与周普福的搭档中，蒋小环主要负责动手制作，周普福负责整体把握。

5. 第五代

李佩青，第五代的"头家"，葭

蒋再贵（蒋才法提供）

李佩青（辛姗姗摄）

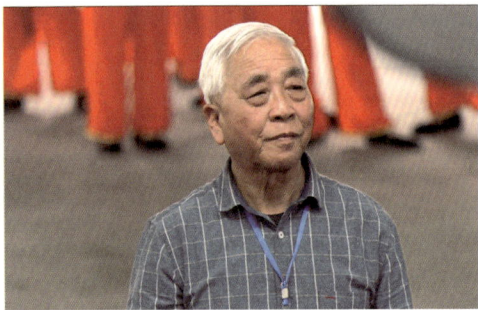

李佩青在指导排练（葛东升摄）

沚星光村人，生于1943年，曾任葭沚玻璃灯具厂厂长、葭沚工业办副主任，后经营企业，先后任村老人协会副会长、会长。李佩青工作认真负责，为人大公无私，在众人推荐下接手负责起送大暑船活动。李佩青牵头负责期间，新召集了不少匠人参与造船，大大缩短了造船的时间。李佩青在葭沚小学读书时，曾跟老师学过打小鼓，当时还在学校负责带小鼓队排练。他心中对于打小鼓还有一份热情，又因为打小鼓上手比较快，学起来不算很难，李佩青接手工作后就召集、组织了一支村民小鼓队，由他负责教学、排练。如今的村民小鼓队已经非常成熟，每年送船时都会上场表演一番。此外，李佩青将各个队伍的服装进行统一，并在送船队伍中融入武术等新节目，丰富活动内容。

周宏光，葭沚星光村人，生于 1939 年，农业队队员。五十岁时到五圣庙参与送大暑船活动的筹备工作。周宏光说自己是从当小兵做起的，从抬老爷轿到敲锣，一级级往上升，到现在已经

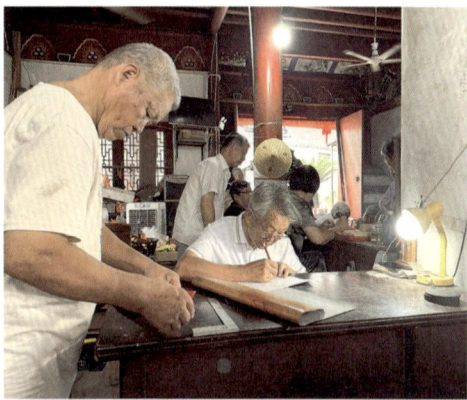

周宏光在记录（辛姗姗摄）

做了三十多年。他写得一手好字，被当地人认为是葭沚街道书法水平数一数二的人物，因此后期主要负责写牒工作，可以说是写牒组的领头人物。五圣庙内的对联、大暑船上的船对吉语，也都出自周宏光之手。在每年的活动期间，五圣庙内有固定的三个执事负责神偶的移动，周宏光是其中的固定一员。

周明友，生于 1944 年，葭沚星明大队的捕鱼人。周明友与所有葭沚人一样，乐意且主动来五圣庙里帮忙。大暑庙会期间，从外地来赶庙会的人特别多，几乎人

周明友在写牒（陶国富摄）

人都要买牒，只有一人写牒是来不及的。因为周明友识字且做事踏实，所以就负责协助周宏光写牒。通常由周宏光写牒的封壳，周明友写具体信息。在庙里有法事时，周明友还会负责起香官的工作。此外，庙里平时的乐助，也由二位周先生来记录公布。

金春花，葭沚人，生于1956年。金春花的母亲一直在庙里帮忙做些力所能及的事情，在母亲的影响下，金春花也来到五圣庙承了一份差事，至今已有二十余年。大暑日，金春花会加入写牒组帮忙一起写牒，平时则会参与村里的腰鼓队，每次迎圣、请酒、送船的文艺表演队里，都有金春花的身影。

顾雪芬，葭沚星光村人，生于1949年，是一名退休的小学老师。顾雪芬的婆婆张秀芬是星光大队的会计，因为识字所以在庙里写了二十多年的牒。每年大暑庙会期间，写牒这项工作总是忙不过来，所以张秀芬叫来儿媳顾雪芬与王美青二人一起帮忙。二人自此一直留下写牒，至今已十年有余。

王美青，葭沚星明村人，生于1948年，是一名退休的小学老师。王美青是一个健谈的老太太，她说自己初期刚来帮忙的时候有些不好意思，

王美青（左二）、顾雪芬（左三）在写牒（辛姗姗摄）

因为她是一位老师，在庙里写牒这件事似乎有些"迷信"色彩，不是很符合老师的身份。但写着写着就融入了，一写就是十多年。王老师用"大暑日讲话都没工夫"来形容大暑当天的忙碌程度，不仅忙碌，有时候自己还要"空钞票"。但想到这是一份诚心，寄寓着"家人平安""代代红"的心愿，就不觉得辛苦，更不觉得吃亏。王美青表示，因为她们几个识字，也

王美青（辛姗姗摄）

会写字，在一个庙里帮忙之后，往往其他庙也会邀请她们去写牒。她们几个都退休了，家里没有负担，一般能帮忙的都尽量去帮忙。

金春花、顾雪芬、王美青三人不仅在大暑日当天帮忙写牒，在前期还要代表五圣庙到外面去"拜牒"。五圣庙除了杨府牒，还有一个十方牒，庙里的老人告诉笔者，牒就是保平安健康的。金春花等三人到外面去"拜牒"，用李佩青的话说就是去"做宣传工作""抓收入"，向葭沚以外的人宣传五圣庙，请人们买牒，然后利用群众的乐助款来支持举办送大暑船活动。

冯天顺，葭沚星光村人，生于 1945 年。冯天顺是蒋小环的师弟，跟随蒋小环父亲学做渔船上的辘轳。1997 年，蒋小环因为年

冯天顺和王冬富搭档造船（陶国富摄）

龄增长，在造船这份工作上感到力不从心，于是招呼师弟冯天顺加入造船队伍。冯天顺就这样跟随师兄来到了五圣庙，一做就是二十多年。冯天顺是一个热心的老师傅，虽然随着年龄的增长体力已大不如前，但他仍然坚持在庙里帮忙，指导年轻一代的木匠们造船。在笔者采集资料期间，为了尽可能详细地追溯每代造船师傅的信息，冯师傅四处联系询问，提供了许多帮助。

王冬富，葭沚星光村人，生于 1953 年，是一名捕鱼人，在渔船上负责张网的工作。王冬富并不是工匠出身，但却在五圣庙造了三十年的大暑船。因为他喜欢学习、动手能力强。初时，王冬富跟着蒋小环师傅学习，后来与冯天顺搭档，逐渐成为主力。在蒋小环一代的造船人离去之后，冯天顺、王冬富二人承担起了造船的工作，在很长一段时间里，只有他们二人在造船，从前期船体木材的挑选、采买，到后期的制作，前前后后要用两个多月的时间才能打造好一艘大暑船。王冬富平时还在庙里做些修修补补的工作，庙里不少门、窗、桌、椅都曾经他之手而得以继续使用。笔者采访当日，他正在修理庙里的几十把矮椅子。王冬富说："这里（五圣庙）都是

王冬富在修理庙里的椅子（辛姗姗摄）

人才，都要两边做事，各有各的特长。因为庙里忙，很难一个人只负责一件事情，大家一般都身兼数任。"

蒋才法是蒋小环的亲兄弟，生于1954年，在家中排行第六，葭沚人都叫他"老六"。在冯天顺的指挥下，蒋才法设计、绘制了大暑船的制作图纸，这样以后只要是会做木工的人都能照着图纸打造一艘大暑船。

众人围着李佩青老师讨论，右一为蒋才法（辛姗姗摄）

吴仙春，葭沚星光村人，生于1957年，是一名木

吴仙春（辛姗姗摄）

王云法（辛姗姗摄）

余吕兴（辛姗姗摄）

盛建华（辛姗姗摄）

匠。2016年退休后有心到庙内帮忙，又有几十年的木匠手艺，便加入造船组参与制作大暑船。

王云法，葭沚人，生于1954年，木匠。2006年开始参与制作大暑船。

余吕兴，椒江乌石人，生于1963年，木匠。2019年开始参与制作大暑船。

盛建华，葭沚星明村人，生于1957年，木匠。2018年开始参与制作大暑船。盛建华虽然是木匠，但因为好学爱钻研，也掌握了不少水电方面的本领。五圣庙内有些电路的问题他都能帮着解决。

柳金友，椒江三台门人，生于 1955 年，木匠。2020 年开始参与制作大暑船。

冯天顺与王冬富之后，新一代制作大暑船的人员以吴、王、余、盛、柳这五个木匠为主。他们全都不是造船工人出身，只是因为一份热心而在庙里帮忙，在冯天顺等老师傅的指导下，如今五人都已经掌握了大暑船的制作技艺。

潘招才，葭沚星光村人，生于 1944 年，老人协会副会长。潘招才年轻时是捕虾船的船老大，当地人称捕虾人为"张虾箪的"。2015 年，因为何玉凤一代的执事年岁增长，庙里极缺人手，于是村里从老人协会的会员中动员了曾是船老大的潘招才来五圣庙帮忙。潘招才被五圣庙里的其他执事笑称是"特派"来的。潘招才是三位"捧佛"者中固定的一员，在大暑日当天码头的祭祀中，负责主持工作。

陈金泉，葭沚星光村人，生于 1954 年，在送大暑船活动中担任"香官"，在大暑当日负责码头的祭祀工作。此外，近两年因为潘招才生病，健康状况不佳，陈金泉接替他的工作，加入"捧佛"的行列。

大暑船（陶国富摄）

[贰] 送大暑船的现状

1. 存续状况

制作大暑船的技艺和复杂的祭祀仪式从清代开始一直没有中断过，参与人群规模大，活动的影响区域不仅限于椒江。目前每年来参加送大暑船活动的，有来自邻近县市如温岭、三门等地的群众，也有来自宁波南部和温州北部的群众。最近几年，大暑当天参与活动的人数已多达十万人次。每年都有新人自发加入活动队伍，存续情况非常好。"送大暑船"于 2006 年被列入第一批台州市非物质文化遗产名录，2009 年被列入第三批浙江省非物质文化遗产名录，

2021 年被列入第五批国家级非物质文化遗产名录。

在城市化进程中，相关部门非常重视送大暑船活动在新的社区模式下的延续。因为送大暑船活动环节众多，熟悉流程以及承担造船和祭祀角色的群体年龄偏大，许多珍贵的祭祀仪式和相关知识需要拓展更多的传承渠道。

2. 保护措施

（1）完善传承保护队伍。2015 年，椒江区成立"送大暑船"非遗代表性项目专家指导组和工作组，恢复送大暑船活动祭祀人员统一服装和祭词，并专项补助 7 万元；2018 年，冯天顺被评为"大暑船制作"项目区级传承人，并组建了一支造船队伍，现有成员 7 人；2021 年，李佩青被评为"送大暑船"项目省级代表性传承人，李老师目前培养传承人 2 名，协助其安排各环节工作。

（2）成立项目保护中心。2018 年成立台州市椒江区送大暑船保护中心，并由葭沚星光村送大暑船活动的主要负责人成立中心理事会，包括星光村村主任金礼建，送大暑船非遗传承人李佩青，活动牵头人周仁智、潘招才。保护中心人员具有丰富的送大暑船活动筹办经验和较强的社会号召力，能够在活动中起到重要的组织协调作用。在每年送大暑船活动前，该中心有组织地成立送大暑船筹备组，成员包括五座庙宇的负责人及活动相关主要人员，分解任务，责任到人，保障活动有序进行。同时，中心每年对送大暑船的

活动过程进行文字及影像资料的收集，保存了比较完整的材料。

（3）确定活动传承及宣传场所。送大暑船主要的传承场所为五圣庙，用于建造大暑船及进行相关的祭祀活动。葭沚五圣庙西边的空地用于大暑日安置各方香客。距离葭沚五圣庙20米左右的星光老年协会，则用于演庙会戏及为香客免费提供早中餐。"请酒"环节的活动场所则是集圣庙。参与活动的五座庙宇都备有相关的祭祀用具、表演服装，并有固定的表演节目和表演人群。葭沚五圣庙和东门岭五圣庙作为活动宣传场所，都陈列了大暑船模型及活动照片。

集圣庙（陶国富摄）

（4）拓宽活动宣传渠道。如结合"文化和自然遗产日"等节日，组织送大暑船非遗图片及船模展览进农村、进校园等。2017年在椒江区文化馆举办的"送大暑船"摄影作品展，展出了2007年到2017年间的100余张送大暑船活动照片。2021年，在"古韵寻芳 文脉咏传"椒江区文化遗产主题展中，也展出了大暑船模型及相关活动记录照片。

（5）开展非遗进校园活动。2010年至今，有组织地开展"送大暑船"非遗项目宣传培训

东门岭五圣庙的大暑船模型（辛姗姗摄）

送大暑船摄影作品展（包丰华摄）

展览中的大暑船模型（包丰华摄）

进校园活动。2018年10月，送大暑船保护中心配合椒江区葭沚街道桔园小学合作编写校本教材《在水一方的葭沚》第四单元《民风民俗》，让送大暑船活动从根上传承下去。同年，台州市第一中学运动会融入送大暑船元素与内涵，在入场式上组织学生排演送大暑船方阵。2019年，葭沚中心幼儿园举办少儿送大暑船活动，组织儿童用积木搭建大暑船，小朋友们组成不同的方阵，宣传"不吃子孙鱼"，祈求风调雨顺。

送船路线踏勘（林希曦摄）

（6）开展现场调研与研究。每年送大暑船活动开展之前，葭沚街道、活动负责人以及多个相关部门都要集中在一起开展现场调研，确定当年活动的具体安排。疫情期间，五圣庙对活动规模进行了适当缩减，选择在大

2019年送大暑船文化研讨会（丁玲摄）

暑日早晨送船，尽量减少民众聚集。活动研究方面，举办研讨会，深入挖掘送大暑船的文化内涵与当代价值，探索传承保护的当地实践模式。2018年、2019年分别在椒江召开"送大暑船"民俗活动研讨会、"送大暑船"民俗活动学术研讨会。

（7）开发送大暑船周边文创。2021年，椒江区文化和广电旅游体育局委托台州学院开展"送大暑船活动可视化叙事研究与设计"的课题，梳理活动视觉流程，解构活动四大环节，挖掘提炼活

大暑船纹样提取（项蔚提供）

《暑船送福》海报（项蔚提供）

卷轴部分效果图（项蔚提供）

动中出现的传统纹饰，最终确定以"大暑船"为核心形象进行 logo 设计。设计方法围绕大暑船，结合避水兽、木槿花、海水、火等元素进行充分打造，开发了送大暑船文创礼盒，内含茶具、香盒、长卷。其中的长卷是以送大暑船巡行队伍为创作基础，采用全景式构图，将实际的表演队伍进行可视化组合，将整个活动的四维时空转化为二维，根据实景进行艺术化、趣味化绘制的。长卷结合本地特色的"单檐歇山顶"和"重檐歇山顶"建筑、部分海门老街"风火山墙"建筑，中间穿插椒江水泥瓦房与平房建筑，并在店铺与往来人群中加入椒江的非遗元素，在体现椒江特色的同时丰富了画面，突出了送大暑船的热闹场景。

［叁］送大暑船的展望

为了更加规范、合理、有效地传承与保护民间文化遗产，使民俗项目在城市化进程中能够更好地结合地方特色进行转型升级，适应现代社会背景，我们首先要充分、清晰地认识其自身文化内涵，既要留存历史文化渊源的精神所在，也要促进文化和当代精神文明的融合。

根据 2020 年椒江区申报国家级非遗名录时的申报书，"送大暑船"项目五年保护计划如下：

2020 年：继续搜集"送大暑船"的相关文献资料，调查传承人群，深入收集"送大暑船"口口相传的故事及参与民众在活动中发生的故事，与村里的老人沟通采访，了解历年来送大暑船踩街时的表演情况，进行语音及文字记录。

2021 年：落实专人梳理送大暑船活动的历史演变、仪式内容、传承群体、发展状况以及活动涉及的大暑船和船内布置物件的制作工序，将收集到的语音、文字、图片、影像等资料以数字化方式进行建档，并分类编辑成册进行保存。

2022 年：在葭沚街道建设 1—2 家 100 ㎡ 以上的传习所或传承基地，在葭沚小学、椒江一中建设送大暑船教学传承基地，撰写《送大暑船》校本。

2023 年：举办"送大暑船"民俗活动研讨会，邀请国内民俗专家对活动传承保护进行研讨，加强学术研究，编印发行研究成果集。

2024 年：修缮五圣庙和区级文保单位集圣庙，配合做好葭沚水城建设"送大暑船"专题陈列馆，进一步扩大宣传和影响。

该计划由椒江区文广旅体局指导，送大暑船保护中心作为责

任单位组织实施，明确各方责任，代表性传承人和星光村村民共同参与传承保护工作。

五年保护计划的内容可从以下五个方面加以分析理解。

一是收集、整理归档送大暑船相关文献、音像资料。送大暑船活动整体延续时间长，各环节细节繁复，各有讲究。但经历过漫长的演变，旧时的仪式细节有些已被忘却，如今的送大暑船活动虽年年举行，完整详细了解全部活动流程的人员却不多。此外，除椒江葭沚、东门岭外，温岭、玉环等地也在大暑日各自开展送大暑活动。因此，要强调活动的普查、文本资料以及口述资料的收集整理。如此才能在比较分析后更深层次地挖掘台州湾地区送大暑船民俗的内在意义。

二是传承大暑船的制作工艺。建造大暑船是一个传统的、精细的手艺活，但随着时代的发展，捕鱼作业早已不再使用木壳船，冯天顺等人是葭沚最后一批造船匠。现在五圣庙里造船的师傅或是木匠出身，或是凭兴趣与动手能力半路出家学成的师傅。冯天顺等曾担心在他们这一代离去之后将无人能继续打造大暑船。为了将大暑船的制作技艺流传下去，应重点强调对于大暑船制作的全过程图纸的绘制，纸质档案的留存可以为我们留下珍贵的遗产。

三是研究送大暑船的传承与保护。不断完善对民俗文化资源的研究与展示工作，是加强民间文化艺术保护的一条必由之路。送大暑船活动的研究涉及渔民习俗信仰、渔村休闲文化、当代的传承与更新等诸多方面。作为一项民俗活动，研究其内在的习俗信仰体系是至关重要的。送大暑船的信仰主体、信仰空间相对较为固定，其与"渔休节"的融合形成了台州湾地区特有的一种区域民俗。这不仅是对当地文化生活的一种象征，也是对当地区域经济、政治生态的理解与诠释。在这传承、融合、更新的背景下，由文化管理部门牵头举办关于"送大暑船"的民间文化发展论坛、讲座等活动，能让当地民众更加深入地了解该项活动所蕴含的价值理念。同时，可以推动当地教育部门将传统的民俗文化和保护知识汇编成教材，纳入中小学教学阅读计划之中，使青少年能够了解民俗文化的特点，做好传承与保护工作。

四是完善送大暑船的活动场所。葭沚五圣庙位于葭沚老城之中，周边环境并不理想。现在大暑船出门首先且必须经过的尚德路只有 3.5 米宽，因此每年所造大暑船宽度都控制在 3 米以内，以确保两边站上扛船人员之后能将船顺利送出。东门岭五圣庙下山路上的电线、树木也使得送船下山时有一定的麻烦。此外，两处五圣庙因为场地面积的限制，均只能在有限的空处摆放大暑船模型、照片与宣传展板。目前，葭沚五圣庙所处区块正在进行整体拆迁，葭沚五圣庙处于送大暑船文化空间的核心圈，牵一发而动全身，新址至关重要。关于活动场所，我们既要加以完善，又要重视其在信仰

空间内的作用，在葭沚五圣庙确定合适的新址并建成后，应在两地开展经常性活动，有效发挥场所的宣传作用。

五是关联椒江各地送大暑船活动。目前椒江区海门、葭沚、前所等街道均在大暑时举办送船活动。这些地方送船活动的源起具有共通性，又因为长期在特定的空间形态和历史背景中传承演化，如今已呈现出不少的差异。比如前所道感堂所送的大暑船仍是最初的稻草船，活动集中在大暑当日，这是台州湾两岸送大暑船的最原始的形态。葭沚所送的大暑船则是竹木结构，并加以彩绘，活动流程也更为复杂。现在人们所知的大多只有葭沚一地的送大暑船活动，鲜有人知晓其最初的模样。这在一定程度上限制了送大暑船的影响范围，不利于我们对送大暑船风俗整体面貌与特质的了解和相关研究的深入。因此，在集齐较为完整的历史资料并厘清椒江送大暑船历史变迁轨迹后，应关联椒江各地送大暑船活动，突出各自特色，进一步丰富其文化内涵。例如每年汇总各地活动的时间、流程、路线，提前于相关平台公布，供信众及游客参考，这样也有利于形成经常性的活动机制，扩大影响力，凸显"送大暑船"效应。总之，应从实际出发，积极探索新思路、新方法，以协同合作的形式促进椒江送大暑船创造更大的发展空间。

附录

[壹] 新中国成立后葭沚首次送船的幕后故事

口述人：张哲能[1]

（海门）解放以后第一次送大暑船，那个时候葭沚提出想要恢复做大暑船这个活动，由我、贺鸣声、葭沚陶福胜、林元白几个专门写一篇报告讲台州的历史。其中在讲到"送大暑船"这个环节时，提出为什么要送大暑船？就讲它并不单纯是"迷信"的，而是祈求社会平安、风调雨顺，是当地渔民最信仰的一项活动。我们提出这一点也是希望在当时让政府和百姓更加密切融合起来，我们政府也要组织学校里的洋鼓队等共同参与进去把这件事情办好。因为这是一项既有"迷信"色彩，又有地方色彩，又有文艺色彩的活动，所以在当时，区委同葭沚政委商量，决定恢复"送大暑船"这一活动。当时的领导是陈常修，是区政府的组织委员。

---

[1] 张哲能，生于 1922 年，曾任海门地方干部，负责过新中国成立后第一次"送大暑船"事宜。口述音频文件由朱鹏提供。

当时我们和周承训，五个人联名将这段历史写得非常详细，最后联合签字把写好的报告寄给当时组织部负责人陈常修，区委讨论以后决定恢复。当时军民大合一，第一次军民协作规模比较大的，是海门解放（后）的第一次送大暑船。这个是确确实实的，但这篇报告现在已经找不到了。我记得这篇报告的文字大概是我写的，有几千字，有送大暑船的原因，还有包括"迷信"方面的一些东西，比如老百姓为什么这样子组织，为什么要在大暑船内放五谷、食粮、猪、羊等等，虽然带有"迷信"色彩，却也很有地方性色彩……送大暑船从（海门）解放后开始就没有间断，当时因为解放思想，民众会认为这是一种"迷信"的活动。我们当时就认为它只是带有"迷信"色彩，同时也是想要借举办这个活动，来跟民众证明党和政府是同百姓在一起的。当时大陈岛还没有解放[1]，这样也可以把民心稳定下来，因为当地人认为共产党是不相信"迷信"的，所以不能搞大暑船，我们就利用大暑船活动来宣传我们的政策，证明我们在解放海门之后是不会走的。

[贰] 五圣庙会送大暑船祭文

公元　年　月　日，农历　月　日，岁在　　，节届大暑。时

---

[1] 1949年6月25日解放海门后，此时一江山岛和大陈岛尚未解放（一江山岛解放战役在1955年1月18日，大陈岛解放战役在1955年2月13日）。海门和葭沚的百姓人心尚未完全安定。

值万户安祥之秋、千舟休渔之期，吾台邑椒江、黄岩、路桥、温岭、临海、三门、玉环、天台、仙居各地沿海临水之万千信众，云集于葭沚之古渡，举行盛大庙会暨送大暑船之传统典仪。既得葭沚五圣活动主持者及各地信众合力供奉，四面八方积极参与支持，兹一切筹备就绪。谨具香烛贡品礼乐，致祭于五圣神灵前，并祝之以文曰：

五姓圣公，蜀川举人。进士高才，貌丑不中。

心有怨尤，言出不恭。临安被杀，无首漂沉。

椒江渔民，慈义秉承。海难奋救，捉宝为茔。

五圣感德，托梦使君。临江立庙，祈护百姓。

张姓元伯，刘姓元达，赵姓公明，钟姓仕贵，

史姓文业，总管五姓。东西南北，合中五神。

年年庙会，消灾驱病。大暑送船，祝祷升平。

自清以降，风遂俗成。台州沿海，流长渊深。

五圣灵异，禩事不湮。万人空巷，有求必应。

家家祈福，户户庆祥。男女老少，人人欢欣。

寰者见瑞，见者添喜。逢凶化吉，一方共敬。

瞻仰在庙，供奉在船。一路顺风，出之海门。

吉祥四季，赐福八方。诚惶诚恐，伏惟尚飨！

［叁］随元宝送上船的杨府牒[1]

杨府文牒

南斗六司延寿星君　　　　　　　北斗七元解厄星君

　　伏以神功浩荡，普万国以共和；圣德昭彰，护十方而安宁。谨据浙江省台州府椒江区明化乡孝让里、智信里，飞凫乡万岁里 庙保居奉道迎祥集福信人　　具呈本命，　年　好月　吉日　良时建生。

　　窃念光阴易过，浮生若梦。感乾坤覆载之德，荷神祇匡佑之功。知惭知愧，感圣感贤。行为处世，多有误犯。三灾四煞，九厄十缠。种种灾愆，一一忏悔。仰蒙太上大道之功，得获消灾解厄之路。普灾厄以消除，冀诸事而顺利。

　　由是涓取五月十一日至五月十三日就在五圣庙启建杨府给牒胜会一期三永日。依按玄科，作兹功德。礼拜：

　　玉皇宝忏，杨府宝忏，三元宝忏，南斗宝忏，北斗宝忏，

　　观音宝忏，大梵延生，五斗宝忏，七星宝忏，东岳法忏，

　　本命宝忏。发文告达，焰口施食，贡化凡仪，延奉高真列圣，

上祈景贶介福方来，伏乞神恩孚佑在会人等：

　　家门吉庆，人口平安。出门求财，顺风得利。生意兴隆，

　　财源广进。水途安妥，渔业兴旺。开店办厂，业务兴旺。

---

[1] 空白处填写相应的捐赠人信息及具体日期。

工作顺利，诸事迪吉。仕途亨通，青云得路。求学上进，

金榜题名。凡曰叩求，悉叨庇佑。

时在太岁　　年　　月　　日。给

牒。

［肆］《船科》

法云流闰天尊、消灾散祸天尊、雷声普化天尊：

斋主虔诚发筵开，迎请天尊降临来。水火龟蛇来护佑，祈神

祷雨与消灾。

雷霆都司请天皇号令，敕召万神叩天门，击地户，召万神登坛

所。炉内宝香一炷，十方肃静，法鼓三通，万神拱听。

白：渺渺茫茫浪接天，霏霏弗弗雨如烟。沧沧（苍苍）翠翠山

堆石，来来往往渡头船。

主：七星宝剑震雷霆，遣送丧车鬼怪精。青龙白虎归左右，特

地前来送瘟司。吾乃天师门下法官　　　是也[1]。远远看见紫阳楼作

乐，百花渡头锣鼓喧天，但不知何人在此喧闹。

白：风静浪平，月明星稀，百花渡头高叫何等样人。

主：我是法师。

白：法师到此何事？

主：前来问船。

----

[1] 空白处填写姓氏。

白：日间不来问船，为何夜里到此问船？

主：日里忙速得紧，无暇到此。因此夜里问船。

白：可带小厮？

主：未带小厮。

白：可带灯亮？

主：未带灯亮。

白：嘿，家僮不带，灯亮未有，你独自一人来到百花渡头，敢是冒认法官？

主：驾长，别样事情好冒认，法师乃（哪）有冒认之理？只因现患人家请法师到家作起了大大遣送道场，祈神祷圣，忙速得紧，因此黑夜独自前来问船。你百花渡头多少船名在此？

白：我百花渡头有三十六号船名在此，但不知法师要问乃（哪）等？还是官船？还是商船？还是渔船？

主：我不要官船，二不要商船，三不要渔船，只要你新造独载神祇花船。

白：法师来得凑巧。百花渡头现有新造洁洁净净三等花船在此，但不知法师要问乃（哪）等？

主：请向豆（头）等花船。

白：洋江大艇。

主：二等花船。

白：飞海龙舟。

主：三等花船。

白：三等花船新造洁净，独载神祇的花船。

主：好，我正要独载神祇花船。你此船到那（哪）里去？

白：特地前来迎接五瘟大王的。

主：驾长，你乃（哪）里知道五瘟大王在此，前来迎接回宫？

白：法师有数（所）不知。只因保安／患人家请法师到家作起大大遣送道场，有公文一角，他家土地得力传递当境，当境奏与城隍，城隍奏与凌霄殿上玉帝，传旨下来回文一角打到东海，东海龙王三太子敖丙差我到浙江省台州府黄岩县　　乡　　里　　庙保居弟子家中迎接五瘟大王回宫的。

主：你这班人调谎的。

白：我是从来不调谎的。

主：不调谎我要般你一般。

白：要般就般。

主：你此船在乃（哪）里出来的？

白：我船打在天师府衙门出来的。

主：你此船什么木头所造？

白：我船沉香木所造的。

主：你晓得沉香木出在乃（哪）里？

白：沉香木出在湖广襄阳狮子骆驼山，上有凤凰为巢，下有九龙伴水，根生五湖四海，叶盖万国九洲（州）。

主：当初何人砍伐？

白：吕纯阳大仙双飞宝剑砍伐。

主：何人建工？

白：值年太岁建工。

主：何人发落？

白：山神土地发落。

主：乃（哪）条水路而来？

白：黄何（河）水路而来。

主：乃（哪）一个埠头上岸？

白：无形埠头上岸。

主：乃（哪）里所造？

白：鲁板禅师所造。

主：这门舵何人所造？

白：他巧氏夫人所造。

主：好一个夫造船来妻造舵，天赐一对好鸳鸯。此船有多少长？

白：三丈六尺长。

主：多少阔？

白：一丈二尺阔。

主：几舱生？

白：五舱生。

主：头舱装载什么？

白：蓬索橹梁。

主：二舱？

白：葫芦药担。

主：三舱？

白：中舱封皮（分别）在此把式（把些）礼仪香案，迎接五瘟大王坐位。

主：四舱？

白：酒米粮食。

主：五舱？

白：众兄弟安顿之所，熬煮火灶。

主：此船多少板片？

白：四底八片。

主：有何名堂？

白：名为一年四季八节。

主：此船多少梁豆（头）？

白：共成二十四块梁头。

主：有何名堂？

白：号为二十四厞。

主：此船到此多少水路？

白：八百里水路。

主：几时得到？

白：来时一夜，去时一刻。

主：乃（哪）里有这等快速？

白：受了天师大人灵符法水，无边神明护佑我船有了三道蓬栖
（桅），因此这等快速。

主：到（倒）也说得是。头道蓬栖（桅）有何名堂？

白：大将军八面威风。

主：二道蓬栖（桅）？

白：插花盖顶。

主：三道蓬栖（桅）？

白：顺风相送。

主：此船多少灰油？

白：二百担灰油。

主：多少斤棕楫？

白：三百六十斤棕楫。

主：多少大钉？多少小钉？

白：小钉不计其数，大钉三百六十枚，还有二枚奇钉，待等法师到来打彩头的。

主：有何名堂？

白：一枚长生，一枚不老，还有四枚奇钉。

主：乃（那）四枚奇钉何用？

白：名为福禄寿喜四钉，赠与斋家传宗接代之钉。

主：几时可发？

白：送船之后即时大发其祥。

主：到（倒）也说得是。此船多少工夫造就？

白：一千二百工夫所造。

主：恨，驾长此言道差了。你此船这等毛毛操操（糙糙），为何大宽工夫呢？

白：法师休把我此船看轻了。我船内自有水晶、玻璃、珊瑚、琥珀、珍珠、玛瑙、走马银灯、雕梁画栋、书画琴棋，说不尽船内光彩，看不尽船内把式景致，因此一千二百工夫造就的。

主：驾长，你船内有这样景致光彩，一千二百工夫到（倒）也不多。潮长（涨）几分？

白：潮长（涨）一分一厘。

主：潮长（涨）一分一厘，无处开船。驾长，你们姓什么？

白：我们姓张。

主：乃（那）傍伙计？

白：伙计姓李。

主：张什么之张？

白：张葱之张。

主：李什么之李？

白：李白之李。

主：恨，张葱、李白，此乃宦门公子，为何在此渡头撑船营生？

白：法师有数（所）不知，只因乃（那）年我父在朝奉君，朝中出了四大奸臣，谎奏龙庭，陷害忠良。可恨惛皇有功不赏，无功责罚，将我满门家眷进京定罪，那时兄弟二人只得无奈逃奔，天汇（涯）海角，无处栖身，因此落在百花渡头，撑船度日。

主：这也难怪为你。船内多少伙伴在此？

白：三十六伙伴，七十二把水手，共成一百零八人在此迎接五瘟大王的。

主：你船内可有号炮锣鼓？

白：也是有的。

主：灯球火烧（亮）？

白：现成火烧（亮）在此。

主：可有唱福寿歌的？

白：福寿歌也是有唱的。

主：潮长（涨）几分几厘了？

白：潮长（涨）二分二厘了。

主：二分二厘，无处开船。只因五瘟大王在此饮酒，冷淡得紧，你将船撑到岸边唱了一曲，贺与五瘟大王，酒筵以讫，送他下船去罢。

白〔唱〕：大王听道，暑往寒来喜笑颜开，还复秋水往东流，唱一个顺风相送，顺风相送。[1]

主：驾长果然唱得好。大王饮酒欢悦，传话出来，赏捞（劳）众人。

主〔引〕：斋主虔诚送瘟瘴，但愿见患得安康。折开营寨离此处，拜送神明往他邦。吾乃天师门下法官　　是也[2]。此地斋主虔诚，设酒恭敬，另备花船一只，吾奉天师老祖敕命护送瘟司，赏酒三杯，下船去罢。

主〔唱〕：送瘟司下船台。好一个顺风相催。今日里大部会内，众神明喜笑颜开，风相送遨游海岛，瘟司去永远不来，与斋主敬酒三杯，好一个顺风两相催。〔锣界〕此酒滴船头，但愿斋主／现患

---

[1] 上有小字眉批："暑来寒往万物抽，夕阳桥下水东流。将军战马人何在，野草闲花满地铺。"

[2] 空白处填写姓氏。

早回头。此酒滴船尾，但愿斋主／现患健到底。此酒滴船中，但愿斋主／现患健如龙。

张稍工、李长年，听我嘱咐二三言。船头高，要拖稍；船头底（低），要拖坭（泥）。中央造起沉香木，两边造起玉栏杆，叮咛嘱咐已周全，领兵带将到坛前。

主：驾长，潮长（涨）几分了？

白：潮长（涨）三分三厘。

主：潮长（涨）三分三厘，无处开船。

白：法师，我和你讲了半夜，但不知你法师姓什么？

主：我们姓某。

白：你还是老当法师？新当法师？

主：老当法师怎讲？新当法师怎说？

白：老当法师不小讲得，新当法师我要般你一般。

主：我是不老不新法师。

白：我真要般你，不新不老。

主：要般就般，般我何来？

白：你奉何人所差？

主：我奉天师大人所差。

白：你是天师大人门下的法官，此地什么所在？

主：此地天师的行台。

白：你既晓得天师府衙门，一年到过几次？

主：天师府时常来往，乃（哪）有不知之礼（理）？

白：你晓得天师府出在乃（哪）里？

主：天师府出在江西省广信府贵溪县地方便是。

白：天师府多少房屋？

主：天师府高大房屋，龙楼凤阁，雕梁画栋，八蛮进贡。

白：天师府几门出入？

主：天师府金木水火土五门出入，三门封锁，二门大开。

白：何三门封锁？乃（哪）二门大开？

主：金木土三门封锁，水火二门大开。

白：何神把守？

主：龟蛇二将把守。

白：天师府前后门什么景致？

主：俱是踏道。

白：前门有多少踏道？

主：三十六格踏道。

白：有何名堂？

主：名为三十六天罡。

白：何神把守？

主：火德星君把守。

白：后门有多少踏道？

主：七十二格踏道。

白：有何名堂？

主：名为七十二地煞。

白：何神把守？

主：水德星君把守。

白：天师府五门各堆什么兽像？

主：头门狮狴镇宅，二门五凤朝阳，三门双龙入海，四门鹤鹿长春，五门六房书吏，掌管符书。

白：天师府多少大匾额对联？多少小匾额对联？

主：小匾额对联不计其数，大匾额五个，大对联五付。

白：豆（头）门匾额？

主：大清一府。

白：还有对联？

主：南国无双地，西江第一家。

白：二门匾额？

主：玄中教主。

白：对联？

主：欲见天师里面锦，如（除）非再进一重门。

白：三门匾额？

主：大道无私。

白：对联?

主：天使登坛龙虎伏，真人入座鬼神钦。

白：四门匾额?

主：赏善罚恶。

白：对联?

主：号令传三将，驱邪用六丁。

白：五门匾额?

主：有求必应。

白：对联?

主：除邪三尺剑，遣祟一声雷。

白：豆(头)门什么神像景致?

主：黑漆台门锦屏风，灵官作决(诀)坐当中。周公桃花分左右。朱温马赵列东西。

白：大堂什么景致神像?

主：大堂有三清老祖，中有历代天师，两傍坛靖天将、四大雷神，东有三十六天罡，西有七十二地煞，左除邪，右辅正，还有金楼、宝阁、客座、经堂。

白：何为金楼?何为宝阁?客座怎说?经堂怎讲?

主：金楼号为会仙楼。宝阁号为召圣阁。客座官员来往之所。

经堂道众演学之处。

白：内堂什么景致？

主：内堂花厅，两壁丹青，琴棋书画，五乐同音。东派领凭，西分善恶，南有凉亭，北有暖阁。

白：中堂什么把式？

主：中堂古董玩器不计其数，灯彩豆牌共成百付。法官道僮，玉桌雕龙，珍珠匾额，琥珀灯笼，虎皮漆椅，玛瑙瑶钟，狮子镇宅，彩凤腾空，重重杀气，凛凛威风。上坐太上老君，中堂写起匾额，四个大字：惟道独尊。

白：天师府有这等威严。法师头上戴的什么东西？

主：这是道巾。

白：道巾何物所造？

主：千里鹰尾所造。

白：有何名堂？

主：深山北海出飞鹰，此尾收来作道巾。戴起头来灾扫荡，遣邪灭祟捉妖精。

白：有多少眼数？

主：三百六十眼数。

白：有何名堂？

主：一年三百六十日，法师出外保平安的。

白：后面亮晶晶什么东西？

主：道冠。

白：道冠何物所造？

主：树做心，外装金，朝天请圣之物。

白：好一个朝天请圣之物。身上穿的什么东西？

主：碧色道袍。

白：多少布匹造就？

主：一丈七尺所造。

白：别人一丈六尺，你为何多了一尺？

主：有名堂的。碧色道袍绣金龙，此袍比众大不同。拜送神明归海岛，家门吉庆永无凶。

白：足下穿的什么东西？

主：粉底朝靴。

白：朝靴何用？

主：布罡踏斗所用。

白：可有名堂？

主：布罡踏斗列山（仙）台，阐教玄门赖师威。却病延午能益寿，祈晴祷雨并消灾。

白：左手拿的什么东西？

主：法盂净水。

白：这法盂净水何人传授？

主：天师大人传授的。

白：何用？

主：一洒天门开，二洒地户裂，三洒人长寿，四洒灾消灭。

白：右手拿的什么东西？

主：七星宝剑。

白：有何所用？

主：三台招百福，一剑斩千邪。

白：手下挂的什么东西？

主：筿（拂）尘。

白：筿（拂）尘何用？

主：拂红尘，炼精神，道家修真养性之物。

白：果然老当法师。一点不差。

主：驾长，潮长（涨）几分了？

白：潮长（涨）四分四厘了。

主：潮长（涨）四分四厘，无处开船。我来问你，你乃撑船之人，乃（哪）里晓得天师府这样细底，前来般问法师？

白：法师有数（所）不知。只因乃（那）年天师大人去到温州府平阳县除妖灭怪而去，下在小老船内，小老备得一席肴馔，为天师大人畅饮。酒筵之中，二人谈谈说说，如此对我讲的。因此前来般问法师。还望法师恕罪，恕罪。

主：这也难怪为你了。驾长，你可晓得五瘟大王姓什么？

白：五瘟大王张刘赵史钟，此乃异姓兄弟。

主：你晓得什么官职出身？怎能封他一个行灾布福大王？

白：兄弟五人，此乃进士出身，后做尚书，末后显现人间，有功于国，万岁封他一个五方行灾布福大王。

主：他也说得是。潮长（涨）几分了？

白：潮长（涨）五分五厘。

主：潮长（涨）五分五厘，无处开船。你将船打扫洁净，把些礼仪香案候五瘟大王，酒筵以迄，送他下船。

白：法师，我船内打扫已久，把式定当。

主：有何把式？

白：西洋亮镜五字瓶，异样鲜花簇簇新。玉嵌龙床红漆桌，金镶宝座紫阳琴。珍珠阁，琥珀亭，珊瑚树，雕寿星。着衣镜，孔雀瓶，象牙椅，雕麒麟。江西碗盏，玛瑙壶瓶，九龙净水泡香茗，五颜六色黑沉沉。满船佳锦王维画，舱内丹青杜甫瓶。对字联，写得清。受天敕命下凡尘，善者增寿算，恶者祸临身。鉴察人间善恶尽，生死簿，注花名。超（抄）功过，奏天庭，万古流传到如今。上面高挂八仙图，底下足登用煅炉，客堂五色毡毡（毯）铺，尾翠酌酒金茶壶。书画琴棋，件件皆齐，四面凉窗，高挂两

傍。你看我船内把式如何?

主:把式到(倒)好,酒菜可有齐备?

白:酒菜齐备已久。

主:什么酒菜?报上。

白:琼浆玉液,海味山精,时新果子,岩谷芳茗,龙肝凤尾,熊掌鹰嘴,烹猪烹羊,掠(腊)鸡掠(腊)鸭掠(腊)肠,绍兴老酒,湖广白米,交(高)朋满座,云雾香茶,两边弹唱,美女姣娥,你看我酒菜如何?

主:酒菜到(倒)好。械器工具可有齐备?

白:也是有的。此船名唤飞龙舟,五湖四海尽遨游。新造神船两头尖,三千兵将列两边。数支大炮架中央,腰间扫起木壳枪。轻重机枪连发打,双支洋号大大(哒哒)响。千里镜,照分明,落地开花五百斤。长枪短刀,雨盖遮阳,藤牌铁尺,钢叉画戟,洋锣洋鼓,钉钩板斧,蓬索把橹,银色掠(蜡)舵,柴米油火,一夜办得清清楚楚。前枝桅拔起红旗大纛,中枝桅号瘟司火部,后彩桅号起七政杨府。此船到山山灵,到海海平,到地地静,到得保安家中,拜送神明出宅,顷刻太平太平。

主:果然好把式,好工具。稍工,潮长(涨)几分了?

白:潮长(涨)六分六厘。

主:潮长(涨)六分六厘,无处开船。驾长,你船内把(摆)

得这样好景致，前来迎接大王，要多少官钱？

白：我要三千七百金钱。

主：何用？

白：有了三千七百金钱，去到扬州府无口地方买来一个代人，替代患人的。

主：可以代得去？

白：自然代得去。

主：就该你三千七百金钱。驾长，得我官钱，听我调用。叫你过东就过东，叫你过西就过西。

白：自然听你分（吩）咐。

主：潮长（涨）几分？

白：潮长（涨）七分七厘了。

主：潮长（涨）七分七厘，无处开船。将船带转游过五方。

〔众呐喊〕

〔唱〕我今赏捞（劳）俱定当，领兵带将到五方。船头向过东，潮水通天峰。天峰寺内好景致，方丈大殿好游喜（嬉）。伏乞神明来收入，收收拾拾落花船。谨请青面将军船中坐，保得现患即痊安。

主：驾长，东方大王可有下船？

白：东方大王一马来到江边，众兄弟打挑（跳）下船来了。

主：姓什么？

白：姓张。

主：头戴什么？

白：青盔。

主：身穿？

白：青袍。

主：足穿？

白：乌靴。

主：身骑？

白：青宗（鬃）马。

主：左手拿的什么军器？

白：青铜棍。

主：右手拿的什么为号？

白：青旗为号。

主：好，将青旗插在船头，领了天师府封皮一道，将东方地界封了。

〔唱〕东方结界已周圆，领兵带将到南方。船豆（头）向过南，潮水通玉环。玉环山里好景致，新造府门好游喜（嬉）。伏乞神明来收入，收收拾拾落花船。谨请红面将军船中坐，后首清平万万年。

主：驾长，南方大王可有下船？

白：下船以久。

主：尊姓？

白：姓刘。

主：头戴？

白：红盔。

主：身穿？

白：大红袍。

主：足穿？

白：虎豆（头）尖靴。

主：什么坐骑？

白：赤烟驹。

主：左手什么？

白：黄金铛。

主：右手？

白：红旗为号。

主：好，将红旗插在船豆（头），领天师府封皮一道，将南方地界封了。

〔唱〕南方结界已周圆，领兵带将到西方。船豆（头）向过西，潮水通仙居。仙居下角尚书府，官所大堂好游喜（嬉）。伏乞神明来收入，收收拾拾落花船。谨请白面将军船中坐，保得现患即痊安。

送大暑船

主：稍工。

白：有。

主：西方大王可有下船？

白：下船已久。

主：尊姓？

白：姓赵。

主：豆（头）戴？

白：白盔。

主：身穿？

白：白袍。

主：足穿？

白：乌靴。

主：什么坐骑？

白：白龙驹。

主：左手？

白：方天画戟。

主：右手？

白：白旗为号。

主：好，将白旗插在船豆（头），领了天师府封皮一道，将西方地界封了。

〔唱〕西方结界已周圆，领兵带将到北方。船豆（头）向过北，潮水通大屋。大屋里面好景致，又无居（拘）来又无宿（束）。伏乞神明来收拾，收收拾拾落花船。谨请黑面将军船中坐，后首清平万万年。

主：船歌。

白：有。

主：北方大王可有下船?

白：下船已久。

主：尊姓?

白：姓史。

主：头戴?

白：黑盔。

主：身穿?

白：黑油甲。

主：脚穿?

白：乌靴。

主：身骑?

白：乌骓驹。

主：左手?

白：竹节刚鞭。

送大暑船

主：右手？

白：黑旗为号。

主：好，将黑旗插在船头，领了天师府封皮一道，将北方地界封了。

〔唱〕北方结界已周圆，领兵带将到中方。船豆（头）向过中，拜送神明转天宫。玉皇敕旨来召转，一道祥云去腾空。伏乞神明来收入，收收拾拾坐船中。谨请黄面将军船中坐，保得现患永康宁。

主：驾长。

白：有。

主：中方大王可有下船？

白：一马来到江边，众兄弟打挑（跳）迎接下船已久。

主：尊姓？

白：姓钟。

主：头戴？

白：黄金盔。

主：身穿？

白：黄金甲。

主：足穿？

白：粉花乌靴。

主：什么坐骑？

白：黄标（骠）马。

主：左手？

白：黄金筒（铜）。

主：右手？

白：杏黄旗为号。

主：好，将杏黄旗插在船内，领天师府封皮一道，将中方地界封了。

〔唱〕五方拜送已殷勤，恳祷为灾作福星。收拾葫芦并药担，折毁营寨不留停。今宵羊刃并锣鼓，长枪短刀护登程。三十六人俱齐备，不知潮水长（涨）几分。

主：稍工。

白：有。

主：潮长（涨）几分？

白：潮长（涨）八分八厘。

主：八分八厘，无处开船。你将大王葫芦药担一并般（搬）入船内，不可余留失落。倘若失落，重责不饶。

白：自然听你分（吩）咐，一并般（搬）入船内了。

主：好，大家整备定当，以好开船。

〔唱〕小船一只把头开，拜送瘟司上天台。一道毫光无踪迹，神明一去永不回。

主：稍工。

白：有。

主：潮长（涨）几分？

白：潮长（涨）九分九厘。

主：九分九厘，就好开船了。

白：启禀法师，只因五瘟大王在此见患人家已久，由（犹）恐闲神野祟入在床前、床后、灶前、灶后，还望法师点同天兵天将、雷兵雷将去到床前、床后、灶前、灶后检扫一会。

主：言之有理。法师就赐你天兵天将六丁六甲，一同去到里面检扫一会。

〔众呐喊〕

主：驾长。

白：床前、床后、灶前、灶后，闲神野祟，可以下船。

白：一切下船来了。

主：白虎星君可有下船？

白：下船来了。

主：白虎星君出在乃（哪）里？

白：白虎星君出在大明国长安府无极县清平乡安乐里百花渡头居住。

主：天狗星君出在乃（哪）里？

白：天狗星君出在五色云端，乃（那）年皇皇敕封他，有福之人看见得福，无福之人看见兴灾作祸的。

主：可有下船？

白：下船来了。

主：丧车星君出在乃（哪）里？

白：丧车星君出在扬州府无口地方便是。

主：可有下船？

白：通通都下船来了。

主：可以载得去？

白：一暨载得去。

主：潮长（涨）几分了。

白：潮长（涨）十分了。

主：潮长（涨）十分了，潮豆（头）紧急，为何还不开船？

白：启禀法师，三十六伙伴，七十二水手，共有一百零八人前来迎接大王回宫。只有来的般铨（盘缠），末有去的路费。还要问法师讨一个赏封路费。

主：驾长，劝你不必慌，不必忙，我赠你金银福礼满船舱。我要问你讨一壮（桩）。

白：讨乃（哪）一壮（桩）？

主：要问你讨平安吉庆四字，悬挂中堂，保得他地盘千年平

静，万载安康。

白：赠你四字悬挂中堂，众兄弟有辇起龙头大钉，拔起满道蓬桅，顺风开船去罢。

〔众呐喊〕

主：天威赫赫直无私，灾祸临门谁得知。忠孝节义皆不染，行常作事要三思。我奉太上老君急急如律令。

完。

后记

  送大暑船是台州湾地方民俗文化的活态呈现，在民间影响广泛。

  紧密联系传承人群，从他们口中的了解送大暑船的各种细节及背后的意义是我们编写这本书的主要途径。葭沚送大暑船活动的主要组织者们常因为我们的采访而特意聚集在五圣庙，也常因为我们的需要而费上许多周折去收集旧时的信息。李佩青老师时不时就会接到我们的电话，为我们解答问题。海门的张明友老师总是与我们一谈就是三个小时。在他们的支持和帮助下，我们收集了许多鲜为人知的材料。连晓鸣老师是这本书的审稿专家，从最初的框架拟定到中间的初稿修改，再到最后的字词打磨，连老师给了我们许多宝贵的意见。在连老师的指导下，每一次修改我们都能进入一个新的境界。

  书中的照片，一部分是我们历年来在走访和工作间隙所拍摄的，一部分则是由葭沚的陶国富提供的。如今葭沚旧貌换新颜，许多画面已成历史。椒江各地的送大暑船活动在传承过程中也融入了一些新的元素，但不变的是人们"驱除邪祟，祈求平安"的愿望，不变的是人们敬畏天地的初心。希望这些画面，也能让读者在阅读文字之时产生亲临之感。

我想，我们需要在此郑重、衷心地感谢所有在书稿编纂过程中给予我们帮助的人。椒江送大暑船是一项内容纷繁又细致的民俗活动。书稿虽几经修改，但难免仍有遗漏和失误，不当之处恳请各位领导、专家、学者和读者批评指正。

编著者

2023 年 1 月

图书在版编目（CIP）数据

送大暑船 / 辛姗姗，洪毓廷编著 . -- 杭州：浙江古籍出版社，2024.5
（浙江省非物质文化遗产代表作丛书 / 陈广胜总主编）
ISBN 978-7-5540-2766-0

Ⅰ . ①送… Ⅱ . ①辛… ②洪… Ⅲ . ①风俗习惯—介绍—浙江 Ⅳ . ① K892.455.5

中国国家版本馆 CIP 数据核字 (2023) 第 201158 号

送大暑船

辛姗姗　洪毓廷　编著

出版发行	浙江古籍出版社
	（杭州市环城北路177号　电话：0571-85068292）
责任编辑	徐晓玲
文字编辑	林若子
责任校对	吴颖胤
责任印务	楼浩凯
设计制作	浙江新华图文制作有限公司
印　　刷	浙江新华印刷技术有限公司
开　　本	960mm×1270mm 1/32
印　　张	5.75
字　　数	107千字
版　　次	2024 年 5 月第 1 版
印　　次	2024 年 5 月第 1 次印刷
书　　号	ISBN 978-7-5540-2766-0
定　　价	68.00 元